Friederun Rupp-Holmes

Lernstraße Islam

15 Stationen für den Unterricht
in der Sekundarstufe I

Calwer Verlag Stuttgart

Leider war es nicht möglich, alle Urheber zu ermitteln. Betroffene Inhaber/innen von urheberrechtlichen Ansprüchen bitten wir sich beim Verlag zu melden.

Bibliografische Information Der Deutschen Bibliothek

Die Deutsche Bibliothek verzeichnet diese Publikation
in der Deutschen Nationalbibliografie; detaillierte
bibliografische Daten sind im Internet über
http://dnb.ddb.de abrufbar.

ISBN 978–3–7668–3820–9

3. Auflage 2011
© 2004 by Calwer Verlag Stuttgart
Alle Rechte vorbehalten.
Wiedergabe, auch auszugsweise, nur mit Genehmigung des Verlags
Umschlaggestaltung: Karin Sauerbier, Stuttgart
Satz: NagelSatz, Reutlingen
Druck und Verarbeitung: AZ Druck und Datentechnik GmbH, Kempten

Inhalt

Theologische und didaktische Einführung

1. Das Thema »Islam« in den Lehrplänen

Das Thema Islam gehört in allen Bundesländern zu den zentralen Themen des Religionsunterrichts in der Sekundarstufe I. Dabei wird meist ein religionskundlicher und religionsvergleichender Zugang gewählt, der aber um alltagskulturelle Aspekte ergänzt wird. Ganz selbstverständlich wird also ein Vergleich mit dem Christentum, dann auch mit dem Judentum erwartet. Leitende Ziele sind, durch sachgerechte Informationen Vorurteile abzubauen und durch die Entdeckung von Konvergenzen und Divergenzen Grundlagen für einen Dialog zwischen Christen und Muslimen zu legen. Darüber hinaus sollen auch kulturgeschichtliche und politische Aspekte angesprochen werden.

Das Thema wird verschieden platziert: Während es die einen schon in der 6. Klasse bearbeiten wollen (Hessen), sehen es andere für die 8. Klasse vor (Baden-Württemberg, Hauptschule und Gymnasium). Wieder andere lassen offen, ob der Islam in der 7. oder in der 8. Klasse behandelt werden soll (Nordrhein-Westfalen). Je nach Platzierung wird eine Zusammenarbeit mit Deutsch, Geschichte und Erdkunde empfohlen. In Geschichte geht es dann meist um das Mittelalter und dabei insbesondere um die Ausbreitung des Islam und die Kreuzzüge.

2. Didaktische Modelle in der Behandlung des Islam

Während der *religionskundliche Ansatz* die Entstehung, die Lehre und die Ausbreitung des Islam thematisiert, geht es dem *religionsvergleichenden Ansatz* um die Entdeckung von Gemeinsamkeiten zwischen Christentum und Islam wie die besondere Bedeutung von Abraham, Maria, Jesus und Jerusalem, aber auch um die Erarbeitung grundlegender Unterschiede, wie sie sich im Gottesbild und in der Sicht Jesu zeigen. Der *alltagskulturelle Ansatz* will sich mit der muslimischen Kultur in Deutschland beschäftigen und deren religiöse Grundlage entdecken.

Davon zu unterscheiden ist ein *kulturgeschichtlicher Ansatz*, der sich ganz auf den kulturellen Einfluss des Islam auf Europa konzentrieren will. Der *biographisch-narrative Ansatz* stellt die Biographie Mohammeds in die Mitte und will von dort her Eigenart und Wesen des Islam erschließen.

Ein *lebensgeschichtlicher Ansatz* konzentriert sich auf die lebensgeschichtlichen Themen, die sich mit dem Islam berühren. In der Pubertät sind es Themen wie »Frauen im Islam«, »Beschneidung« oder die »Essensvorschriften«. Sie können an Fallbeispielen erarbeitet und durch religionsgeschichtliche Entdeckungen vertieft werden.

Ein *religionsphänomenologischer Ansatz* geht von religiösen Phänomenen wie heilige Orte, heilige Personen, heilige Schriften, heilige Räume aus und sucht von dort aus den Islam zu erschließen und Vergleiche herzustellen.

Die meisten Ansätze sehen einen Besuch in einer Moschee vor. Meist wird auch empfohlen, muslimische Mitschülerinnen und Mitschüler einzubeziehen und so Begegnungen zu stiften. Eher selten wird angeraten, die konkrete Situation vor Ort kennen zu lernen, unterschiedliche Moscheen aufzusuchen und das differenzierte Bild des Islam hier in Deutschland wahrzunehmen. Dabei wird man auch zwischen fundamentalistischen und nichtfundamentalistischen Gruppierungen unterscheiden müssen und die Toleranzfrage bedenken.

Die vorliegende Lernstraße integriert religionskundliche, religionsvergleichende, alltagskulturelle und lebensgeschichtliche Aspekte. Immer wieder wird auf einen Vergleich mit dem Christentum geachtet. Die Themen werden auf die lebensgeschichtlichen Interessen von 13-, 14-jährigen Schülerinnen und Schülern bezogen und von dort her angegangen. In vielen Stationen wird ein Blick auf das Leben von vornehmlich türkischen Muslimen in Deutschland geworfen. Damit soll ein lebens- und altersrelevantes Grundwissen »Islam« zur Aneignung angeboten werden. In den Zusatzmaterialien werden Aufgaben angeboten, die differenzierte Welt muslimischen Lebens vor Ort zu erschließen.

3. Theologische Leitlinien

Leitend für die Lernstraße ist die theologische Überzeugung, dass Christentum und Islam nicht nur gemeinsame Wurzeln haben (Tora, Judentum, Neues Testament) und ähnliche Züge tragen (Offenbarungsreligionen mit einer Heiligen Schrift und prophetischen Grundzügen), sondern sich beide dem geschichtlichen Handeln Gottes verdanken. Auch durch den Islam handelt Gott. Auch hier ist mit dem Wirken des Heiligen Geistes zu rechnen. In dem Ziel »Frieden« können Christen und Muslime übereinstimmen. Die Frage, ob Mohammed ein Prophet Gottes ist, ist ernsthaft zu prüfen.

Dennoch wird nicht bloß von Konvergenzen ausgegangen. Auch Differenzen sind in den Blick zu nehmen. Die entscheidende Differenz liegt in der Grundüberzeugung des christlichen Glaubens, dass sich Gott selbst in Jesus Christus erkennbar gemacht hat. Von hier aus kann auch verständlich werden, was die Rede vom dreieinigen Gott meint: Der eine transzendente Schöpfer-Gott bleibt nicht bloß jenseitig, er macht sich in Jesus Christus bekannt und ist in seinem Geist unter uns gegenwärtig. Das Wirken des Heiligen Geistes könnte so gesehen die Brücke zum Islam darstellen. Es ist nicht von vornherein auszuschließen, dass sich der Geist Gottes auch anderer Menschen bedient. Auf keinen Fall kann also der Islam als Unglaube dem Christentum gegenübergestellt werden.

Dieser theologische Ansatz bietet eine Grundhaltung, um sich neugierig mit dem Islam zu beschäftigen: Es könnte ja sein, dass hier Einsichten begegnen, die Christen verdrängt haben!

Christen tun gut daran, sich nicht im Besitz der Wahrheit zu wähnen. Wahrheit eignet allein Gott. Glaubenswissen ist allemal Stückwerk.

4. Das Thema bei Heranwachsenden

Schülerinnen der 7. bzw. 8. Klassen befinden sich im pubertären Ablösungsprozess und sind dabei, ihre religiösen, aber auch sozialen, moralischen und politischen Einstellungen zu überprüfen und neu zu formulieren. Sie arbeiten an einer eigenen sinnhaften Deutung von Leben, Welt und Geschichte, die recht idealistisch ausfallen kann. Eine wichtige Rolle spielen Gruppenbeziehungen. Überzeugend sind weniger die Inhalte als die Beziehungen. Moralische und religiöse Überzeugungen werden deshalb von Beziehungs- und Anerkennungswünschen geprägt. Die Einstellungen zu türkischen Muslimen in der Bundesrepublik sind deshalb von jenen Gruppen bestimmt, zu denen sich die Heranwachsenden zugehörig fühlen. Eine Veränderung der eigenen Sichtweisen hat deshalb immer auch mit Veränderungen von Beziehungen zu tun.

Da die Schülerinnen gleichzeitig auf ihrer Autonomie insistieren, dürften alle Vorstellungen als problematisch abgelehnt werden, die diese Autonomie in Frage stellen. Von daher dürfte die Stellung der Frau auf großes Interesse stoßen. Da gleichzeitig die Geschlechterbeziehung bei den meisten die alles entscheidende Rolle spielt, dürfte das Thema Mann – Frau gespannte Aufmerksamkeit finden. Da schließlich in der Adoleszenz nach und nach das »subjektive Selbst« zum Zentrum eigener Erfahrung wird, dürften Gefühle und innere Bewertungen bei vielen eine immer wichtiger werdende Rolle spielen. Die eigenen Bewertungen sind deshalb immer wieder aufmerksam zu hören und zu verstehen.

5. Freiarbeit und Lernstraße

Grundprinzipien der Freiarbeit sind Differenzierung, Autonomie und Partizipation.

Differenzierung meint, dass das Lernen individualisiert wird und Schülerinnen die Möglichkeit erhalten, an verschiedenen Themen in unterschiedlichen Zeiten mit unterschiedlichen Schwierigkeitsgraden zu lernen. Freiarbeit rückt demnach bewusst von einem Unterricht ab, an dem alle zur gleichen Zeit an dem gleichen Thema arbeiten.

Autonomie meint, dass die Schüler die Wahl haben, an welchen Themen sie mit welchen Mitschülern in welcher Zeit lernen wollen. Zur Autonomie gehört aber auch, dass die Schülerinnen ihre Ergebnisse selbstständig überprüfen (können).

Partizipation meint, dass die Jugendlichen an dem Lern-Arrangement mitwirken können, z.B. zum Aufbau von weiteren Stationen und durch Ergänzungen mit eigenständigen Recherchen und Präsentationen.

Der Unterricht in »Freiarbeit« verändert die Rolle der Lehrerinnen, hebt sie aber keinesfalls auf. Ein wichtiger Teil ihrer Arbeit liegt in der Vorbereitung möglichst attraktiver, sinnvoll strukturierter, ästhetisch ansprechender Unterrichtsmaterialien. In der Unterrichtsstunde besteht ihre Aufgabe in der motivierenden Initiierung der Freiarbeit, dann aber vor allem in Begleitung, Beobachtung und Beratung.

Freiarbeit kennt unterschiedliche Formen, die nicht eindeutig definiert sind. Im Sinne eines Vorschlags kann man sagen:

☐ *»Lerntheken«* bereiten einen vielfältigen anregenden Tisch mit ganz unterschiedlichen Aufgaben, bei denen man zugreifen kann. Eine bestimmte Aufgabenmenge ist nicht notwendig vorgegeben.

☐ *»Lernzirkel«* bilden eine innere Abfolge von Lernangeboten, der notwendigerweise zu folgen ist. Bei jeder Station werden verschiedene »Muskeln« trainiert.

☐ *»Lernstraßen«* bieten ebenso Lernstationen wie ein »Lernzirkel«, verzichten aber auf eine notwendige Reihenfolge. Man kann also nach »Haus« 5 als nächstes »Haus« 2 oder »Haus« 13 aufsuchen.

Die folgenden Lernstationen wollen im Sinne einer Lernstraße eingesetzt werden. Auf Grund mehrfacher Unterrichtserfahrung ist jedoch ein Wechsel von freien und gebundenen Phasen sowie die Definition von Pflicht- und Wahlstationen zu empfehlen. »Gebundene Phasen« meinen einen Gesamtunterricht, in dem Schülerinnen ihre Einsichten darstellen, eine Erzählung oder einen Film gemeinsam bedenken, zu Besuchen einladen oder Erkundungen vornehmen. Ein Vorteil dieser Phasen liegt darin, Schüler auf noch nicht bearbeitete Aspekte in anderen Lernstationen neugierig machen zu können.

Die Definition von *Pflichtstationen* dient der Sicherung eines gemeinsamen Grundwissens, das dann auch in einer Klassenarbeit – so sinnvoll und gewünscht – abgeprüft werden kann.

Innerhalb der Stationen werden immer wieder *Erweiterungsaufgaben* angeboten. Sie dienen der freiwilligen Vertiefung und sollen Horizonte noch einmal erweitern. Die Zusatzaufgaben bei Station 15 bieten Gelegenheit zur produktiven Entspannung, aber auch Impulse für eine besondere Lernleistung durch so genannte »Forschungsaufgaben«. Diese können dann in den gebundenen Phasen präsentiert werden. So soll das Freiarbeitsmaterial unterschiedlichen Lerntypen und Lernmotivationen Raum geben.

Aufbau der Lernstraße

Die Lernstraße besteht aus 14 Stationen sowie aus Zusatzaufgaben und »Forschungsaufgaben«.

Die Stationen:

1. Das Leben Mohammeds
2. Die Moschee
3. Der Koran, das heilige Buch der Muslime
4. Der islamische Festkalender
5. Islamische Lebensfeste
6. Die fünf Säulen des Islam
7. Das islamische Glaubensbekenntnis (Schahada)
8. Das Gebet (Salat)
9. Almosengeben (Zakat)
10. Fasten im Monat Ramadan (Saum)
11. Die Pilgerfahrt (Hadsch)
12. Kopftuch
13. Krieg und Frieden (Dschihad)
14. Die Ausbreitung des Islam
15. Üben, Wiederholen und Weiterforschen (Zusatzmaterial/Forschungsaufgaben)

Informationen zu den einzelnen Stationen:

Das Leben Mohammeds   Station 1

Mohammed ist für Muslime der Prophet und Gesandte Gottes und darüber hinaus ein Gegenstand des Glaubens. Mohammed versteht sich selbst als Überbringer der Offenbarung Gottes (Sure 41, 6; 6, 50), doch er gilt zugleich als Vorbild und Lehrer. Seine Lebensweise und Aussprüche (Hadith) bilden zusammengenommen die »Sunna« (gewohnte Handlungsweise), die zur Richtschnur der Gläubigen gehört. Die islamischen Feste sind an seiner Biographie und Glaubensgeschichte orientiert.

Nach Auffassung des Koran ist Mohammed »das Siegel der Propheten« (Sure 33, 40), der nach Noah, Abraham, Mose und Jesus die Botschaft Gottes endgültig, zusammenfassend und klar formuliert. Mit seiner Botschaft und seinem Auftreten hat sich in der Geschichte der arabischen Völker Neues und Entscheidendes ereignet, das aus dem Vorausgegangenen nicht abgeleitet werden kann. Sein Auftreten hat unbestreitbar Parallelen zu den biblischer Propheten (persönliche Beziehung zu Gott, göttliche Berufung, Warner, Sprachrohr des einen Gottes, Ruf in verantwortliches Leben).

Die Frage ist, wie Mohammed aus christlicher Sicht zu beurteilen ist. Ist er ein Ungläubiger? Ist er der Prophet Gottes? Ohne Frage ist die große geschichtliche Bedeutung Mohammeds anzuerkennen, die vielfältigen Konvergenzen seiner Lehre zum biblischen Glauben zu sehen und er selbst als religiöse Person ernst zu nehmen.

Die Moschee   Station 2

Moscheen (»Ort, an dem man zum Gebet niederfällt«) gibt es in zwei Grundformen: »Hofhaus-« und »Basilika-Typ«. Während der von Mohammed selbst stammende Hofhaustyp die Einheit von Religiösem und Politischem heraushebt, betont der Basilikatyp (z. B. die Omayyaden-Moschee in Damaskus) durch den so genannten »Säulenwald« die Unendlichkeit der Schöpfung. Das Minarett erscheint als Glaubensleuchtturm. Der Mihrab (Gebetsnische) ist wie eine Pforte zum Himmel. Das Licht symbolisiert das ewige Licht der Offenbarung. Die Minbar (Kanzel) lässt an die Himmelsleiter denken, der Baldachin an den Himmel. Die Bodenteppiche machen aus dem gewöhnlichen Erdboden einen heiligen Ort. An den Wänden finden sich kalligrafisch gestaltete Koransprüche. Bilder sind durch das strikte Bilderverbot ausgeschlossen. Zu jeder Moschee gehören Anlagen für die rituelle Reinigung. Die verschiedenen Kulturkreise haben unterschiedliche Bauformen entwickelt. So unterscheiden sich türkische Moscheen von marokkanischen und diese wiederum von indonesischen oder chinesischen. Die wichtigste Gebetzeit ist das freitägliche Mittagsgebet, bei dem immer auch politische Entscheidungen verkündet wurden.

Die Moscheen in Deutschland befinden sich häufig in Lagerhallen oder Hinterhöfen und fallen kaum auf. Ausnahmen sind z.B. Pforzheim und Mannheim, wo es Moscheen im traditionellen orientalisch-türkischen Stil gibt. In Deutschland gibt es viele Moscheen und Gebetsräume, hier gibt es keinen Mangel. Es fehlen jedoch Freitagsmoscheen, in denen sich alle Muslime einer Stadt zum Freitagsgebet treffen können. Strittig ist immer wieder der Bau eines Minaretts und vor allem der Gebetsruf des Muezzin. Auf beides legen türkische Muslime selbstverständlich großen Wert.

Station 3   Der Koran, das heilige Buch der Muslime

Der Koran (wörtlich »Rezitation« bzw. »Lesung«) ist Gottes Wort, das Mohammed völlig passiv und ohne sein eigenes Zutun empfangen hat. Er besteht aus 114 Suren mit 6 200 Versen und ist in unübertrefflicher arabischer Sprache verfasst. Die Worte Gottes wurden Mohammed sowohl in seiner mekkaer als auch in seiner medinensischen Phase offenbart. Eine historisch-kritische Betrachtungsweise ist verwehrt (vgl. Sure 10, 37). Der Koran enthält biblischen Erzählstoff (Geschichten von Abraham, Isaak, Noah, die Josefsgeschichte u. a.), endzeitliche Weissagungen, Ermahnungen, Belehrungen, Predigten und gesetzliche Bestimmungen. Der Koran dient der »Rechtleitung« der Gläubigen. Alle Lebensformen finden hier ihre Begründung und ihren Maßstab. Für alle Muslime ist es deshalb auch ein wichtiges Ziel, den Koran auswendig zu lernen.

Neben dem Koran gibt es die Sammlungen der »Hadith« d. h. vorbildlicher Aussprüche und Handlungen des Propheten. Sie sind in der »Sunna« zusammengefasst.

Zwischen Koran und Altem Testament (Adam, Abraham, Mose, Noah, Jakob) wie auch zwischen Koran und Neuem Testament (Jesus, Johannes der Täufer, Maria) gibt es vielfältige Parallelen. Nach Auffassung des Islam enthalten auch Tora und Bibel Offenbarungen Gottes. Doch die Worte Allahs wurden darin auch verfälscht. Der Koran selbst ist die endgültige Offenbarung Gottes. Er bestätigt und korrigiert frühere Offenbarungsschriften.

Türkisch-muslimische Kinder werden vor allem in den »Koranschulen« mit ihrer heiligen Schrift vertraut gemacht. Diese Schulen werden zwischenzeitlich von Lehrern betrieben, die an Universitäten in islamischen Wissenschaften ausgebildet sind. In Koranschulen wird aber vor allem der Koran in seiner arabischen Sprache angeeignet, weshalb türkische Kinder diese Schulen auch »arabische Schule« nennen. Über weitere Inhalte des Unterrichts ist wenig bekannt.

Station 4   Der islamische Festkalender

Der islamische Jahreszyklus wird nach dem Mondwechsel bestimmt. Ein Monat hat deshalb 28 bis 29 Tage. Das islamische Jahr ist damit kürzer als das Sonnenjahr. Da die islamischen Feste auf einem bestimmten »Mondtag« liegen, kommt es im Sonnenkalender zu Verschiebungen. Die in Deutschland lebenden mehrheitlich sunnitischen türkischen Muslime feiern vor allem sechs Feste:
- 1. Tag des 1. Monats (Muharram), Neujahrsfest
- 12. Tag im 3. Monat (Rabbi Awwal), Geburtstag Mohammeds (Maulid an-Nabi, türkisch: Mevlid Kandii)

- 27. Tag im 7. Monat (Radschab), Himmelfahrt Mohammeds
- 9. Tag des 9. Monats (Ramadan, türkisch: Ramazan), heilige Nacht der Macht, Fest der Offenbarung des Koran
- 1. Tag des 10. Monats (Schawwal) Fest des Fastenbrechens (Id al-Fitr, türkisch: Ramazan Bayrami) zum Ende des Fastenmonats (Zuckerfest)
- 10. Tag des 12. Monats (Dhu'l-Hidscha) Opferfest (Id al-Adha, türkisch: Kurban Bayrami) Gedenken an Ismaels Opferung

Bei schiitischen Türken bzw. »Aleviten« wird darüber hinaus der 10. Tag des 1. Monats (Muharram) als Todestag Husains (Aschura-Tag) gefeiert. Die türkischen Sunniten feiern diesen Tag als Erinnerung an die Rettung der Arche Noah.

Islamische Lebensfeste   Station 5

Die Religionszugehörigkeit eines Kindes richtet sich nach islamischen Recht nach der Religion des Vaters. Ein spezieller *Aufnahmeritus* wie bei der Taufe ist nicht vorgesehen. Trotzdem haben sich Riten entwickelt, um die Zugehörigkeit eines Kindes zur muslimischen Gemeinschaft zu dokumentieren. So flüstert die Hebamme oder der Großvater bei der Geburt dem Neugeborenen das islamische Glaubensbekenntnis ins Ohr, damit dies die ersten Worte sind, die es vernimmt und die es durch sein ganzes Leben begleiten.

Sieben Tage später erhält das Kind in einer »*Akika*« genannten Zeremonie seinen Namen. Freunde und Verwandte werden eingeladen, um das Kind in die Umgebung einzuführen, in der es aufwachsen wird. Den Namen wählt man im Allgemeinen unter den Namen der Prophetenfamilie.

Wenn das Kind das schulfähige Alter erreicht hat, nach Vollendung des vierten Lebensjahres, wird ein Familienfest gefeiert, bei dem das Kind seine erste Lektion erhält. Man rezitiert die *Basmala* und die ersten Worte, die dem Propheten geoffenbart wurden:

»Im Namen Gottes, des Erbarmers, des Barmherzigen. Lies im Namen deines Herrn, der erschaffen hat, den Menschen erschaffen hat aus einem Embryo. Lies. Dein Herr ist der Edelmütigste, der durch das Schreibrohr gelehrt hat, den Menschen gelehrt hat, was er nicht wusste« (Sure 96, 1–5). Das Kind wiederholt diese Verse, und damit hat seine Schulung begonnen.

Die *Beschneidung* wird im Allgemeinen an Jungen im Alter zwischen sieben und zwölf Jahren durchführt, obwohl es gestattet ist, ein Kind bereits sieben Tage nach der Geburt zu beschneiden. Zwar ist die Beschneidung keine Pflicht, sondern nur ein verdienstliches Werk, dennoch würde kein Muslim auf sie verzichten. Auch Konvertiten werden beim Übertritt in die islamische Gemeinschaft beschnitten.

Die *Ehe* gehört zu den vielen guten Dingen, die Allah den Menschen geschenkt hat. Aus islamischer Sicht erfüllt die Ehe drei Funktionen: Sie schenkt Nachkommen, bietet den Menschen Sicherheit und Geborgenheit und ist die einzige von Gott gewollte Möglichkeit der Befriedigung des Geschlechtstriebs. Man legt großes Gewicht auf gegenseitige Liebe und Achtung sowie auf die Fürsorge für die Kinder. Obwohl es dem Mann nach dem Koran erlaubt ist, vier Frauen zu heiraten, gilt es als besser, wenn ein Mann seiner Frau das ganze Leben hindurch treu bleibt. Beim Eingehen der Ehe wird in einem Heiratsvertrag ein Brautgeld festgelegt, das in zwei Raten bezahlt werden muss. Eine kleine Summe ist vor der Heirat fällig, so dass sich die Braut für das Fest ausstatten kann. Die viel größere Summe muss dann bezahlt werden, wenn der Vertrag gebrochen wird. Der Vertrag sollte bei einem religiösen Richter (Kadi) abgeschlossen werden, der ihn notariell beurkundet.

Die Hochzeitszeremonie findet in einer Moschee, im Hause des Bräutigams oder der Braut statt. Im Allgemeinen ist der Imam der örtlichen Moschee geladen. Doch wesentlich für die Eheschließung sind zwei erwachsene Muslime, die das gegenseitige Eheversprechen des Bräutigams und der Braut bezeugen.

War Gott das erste Wort, das ein Muslim hörte, so soll es auch das letzte sein, das er ausspricht. Wenn dies nicht mehr möglich ist, soll es der Sterbende zumindest hören. Nach dem *Tod* wird der Körper rituellen Waschungen unterworfen, in ein Leinentuch eingehüllt und zur Moschee gebracht, wo die Trauerfeier stattfindet. Dann trägt man die Totenbahre schnell zum Grab. Das islamische Recht fordert eine Beerdigung ohne Sarg, was jedoch in Deutschland verboten ist. Der/die Verstorbene wird auf der rechten Seite liegend mit dem Gesicht gegen Mekka begraben.

Station 6   Die fünf Säulen des Islam

Der Islam kennt keine Sakramente und keine Priester. Der Mensch steht allein vor Gott. Gottgefälliges Leben zeigt sich in der Einhaltung vorgeschriebener Rituale. Die fünf wichtigsten Riten sind das Gebet, das Almosen, das Glaubensbekenntnis, das Fasten und die Pilgerfahrt nach Mekka. Die Einhaltung dieser Weisungen ergibt die »vollständige Hingabe an Gott«, den »Islam«.

Station 7   Das islamische Glaubensbekenntnis (Schahada)

Das islamische Glaubensbekenntnis lautet in seiner korrekten Form: »Ich bezeuge, dass es keine Gottheit gibt außer Gott; ich bezeuge, dass Mohammed der Gesandte Gottes ist.« Jeder Muslim rezitiert dieses Bekenntnis häufig, um seine Hingabe an Gott und an die Gemeinschaft aller Muslime zu stärken. Das Glaubensbekenntnis besteht nicht in einem bloßen Fürwahrhalten, sondern in dem aktiven Zeugnis für den einzigen Gott und dem Verneinen all dessen, was diesen Glauben infrage stellt. Der Islam kennt keinen Atheismus, Unglaube ist Polytheismus.

Muslim wird man, indem man glaubt und bekennt, dass Gott ein Einziger und Mohammed sein Prophet ist. Wenn man diesen Akt vollzieht, ist man Muslim. Ein spezieller Ritus wie z.B. die Taufe ist damit nicht verbunden. Die meisten Muslime kamen durch die Geburt zu ihrem Glauben. Man erbt die Religion von seinem Vater. Jedes Kind eines Muslim ist selbst Muslim. Diese Zugehörigkeit kann nach islamischem Verständnis nicht rückgängig gemacht werden. Die meisten Muslime in Deutschland sind stolz auf ihren Glauben, dennoch sind sie zurückhaltend bei seiner Angabe. Sie mussten häufig geringschätzige Bemerkungen hinnehmen.

Station 8   Das Gebet (Salat)

Fünf Mal am Tag sollen Muslime das rituelle Pflichtgebet verrichten. Dabei sind im Unterschied zum freien, spontanen Gebet (Dua) die Worte und Gebetshaltungen, aber auch der Ort, die Gebetsrichtung und die Gebetszeiten genau vorgeschrieben. Die Gebetshaltungen sollen die Seele formen, Ergebenheit und Vertrauen zu Gott einüben sowie dem Tag eine Struktur geben. Das Gebet verbindet alle Muslime und stärkt deshalb auch das Zusammengehörigkeitsgefühl und die Solidarität. Das Mittagsgebet am Freitag sollen Muslime in der Moschee gemeinsam mit anderen verrichten. Gerade dies fällt in der Bundesrepublik türkischen Muslimen schwer, da sie zu dieser Zeit in ihren Berufen engagiert sind und keine Freizeit haben. Nach wie vor ist es eine Ausnahme, dass deutsche Firmen Plätze bereit halten, an denen Muslime ihr Pflichtgebet verrichten und auch die nötigen rituellen Waschungen vollziehen können. In der Regel werden auch keine Arbeitsunterbrechungen erlaubt. Für türkische Muslime kann dies eine Belastung ihres Gewissens bedeuten. Viele ziehen die Gebete und die Gebetszeiten zusammen, indem sie das Morgen- und das Mittagsgebet miteinander verbinden.

Almosengeben (Zakat)   Station 9

Jeder Muslim ist verpflichtet, zwischen 2,5 und 10 Prozent des Einkommens für die Armen und die Bedürftigen in der Glaubensgemeinschaft zu geben. Diese von einem freiwilligen Almosen (Sadaqa) zu unterscheidende Pflichtabgabe ist Ausdruck der Dankbarkeit gegenüber Gott für Wohlstand und Zeichen des Glaubens. Besitz gilt als eine Gabe Gottes. Es zeigt sich: Glaube und Tat gehören zusammen. So sollen gleichzeitig Freigebigkeit und Liebe unter den Menschen gefördert werden.

Türkische Muslime in der Bundesrepublik übergeben häufig ihre Abgaben an die Mitarbeiter einer Moschee. Diese Mittel werden für karitative Zwecke oder den Unterhalt der Moschee verwendet.

Fasten im Monat Ramadan (Saum)   Station 10

Zu den religiösen Grundpflichten des Islam gehört das Fasten im 9. Monat »Ramadan«. Das Fasten beginnt mit der Morgendämmerung und dauert bis zum Sonnenuntergang. Danach erst kann gegessen werden und getrunken werden. Während des Sonnentages dürfen keine Getränke und Speisen zu sich genommen werden. Ebenso sollen sich der Muslim und die Muslima des Rauchens und des Geschlechtsverkehrs enthalten, aber auch des Krieges, des Betrugs und der Schimpfworte.

Beim Fasten gibt es Ausnahmen. Kinder, Alte, Schwangere, Menstruierende, Kranke und Reisende sind ausgenommen. Jugendliche sollen ab der Pubertät fasten. Viele Jugendliche sind sehr stolz, nun alt genug zum Fasten zu sein. Fasten ist Ausdruck der Gottesfurcht und soll zur Disziplin führen. Der Fastenmonat macht darüber hinaus deutlich, dass Muslime in einer großen Gemeinschaft stehen.

Der Monat Ramadan ist deshalb so bedeutsam, weil nach islamischer Lehre in diesem Monat Mohammed die erste Koranbotschaft gehört hat und in Medina Nacht für Nacht der Erzengel Michael für ihn den Koran rezitierte.

Am 27. Ramadan wird die »Nacht der Bestimmung« gefeiert, in der der Koran herabgesandt wurde. Der Fastenmonat schließt mit dem »Fest des Fastenbrechens« (Zuckerfest).

Zu den Schwierigkeiten türkischer Muslime in der Bundesrepublik gehört, dass die Öffentlichkeit von dieser Fastenzeit praktisch keine Notiz nimmt. Dies gilt auch in der beruflichen Arbeit und in der Schule. Muslime müssen sich deshalb oft für ihr Fasten entschuldigen, obwohl es doch nach islamischem Verständnis ein Anlass zum Glückwunsch ist.

Die Pilgerfahrt (Hadsch)   Station 11

Jeder Muslim soll ein Mal im Leben nach Mekka pilgern, um dort wie jährlich 1,5 Millionen Menschen die heiligen Orte des Islam zu besuchen und sich zur »Umma«, zur Gemeinschaft des Islam zu bekennen. Muslime erfahren hier, dass sie zu einer Weltgemeinschaft gehören.

Die heiligen Stätten des Islam sind für Nicht-Muslime nicht zugänglich. Sie sollen nicht zur touristischen Attraktion werden.

Die Wallfahrt geht auf einen Befehl des Koran zurück (Sure 22, 27). Während der Fahrt tragen alle Pilger das gleiche weiße Gewand, umschreiten sieben Mal die Kaaba, eilen wie Hagar sieben Mal zwischen den Hügeln As-Safer und Almerwa hin und her und trinken aus der Quelle Semsem. Am 7. Tag der Wallfahrt werfen die Pilger bei dem Feld Arafat Steine an die drei Säulen bei Mina und denken dabei daran, wie Abrahams die Versuchungen des Teufel abwehrte. Am Schlusstag der Wallfahrt feiern sie das Opferfest und schlachten wie Abraham bei »Ismaels Opferung« ein Lamm. Dieses Fest wird zugleich an allen Orten der Welt, also auch in Deutschland, gefeiert.

Muslimische Pilger, die in ihre Heimat zurückkommen, werden in der Regel von einer großen Gruppe von Verwandten und Bekannten am Flughafen abgeholt. Sie alle wollen den Pilger verehren und ein wenig von dem Glanz des heiligen Mannes oder der heiligen Frau abbekommen. Der Begrüßung schließen sich meist Empfänge und Festmähler an, bei dem der Pilger mit einem Ehrentitel (Hadschi) versehen wird. In vielen Ländern wird sein/ihr Haus mit Bildern von der Reise geschmückt.

Türkische Muslime in Deutschland buchen Pauschalreisen, um nach Mekka zu kommen. Schwierigkeiten haben die zu Hause Gebliebenen mit dem Opferfest. Es ist gar nicht so leicht, ein Opfertier zu bekommen und dieses zu Hause rituell zu schlachten. Manche beurteilen dies als »barbarisch«, bedenken aber nicht die noch immer verbreiteten Hausschlachtungen oder auch die Praxis in deutschen Schlachthöfen. Von seiten der Ordnungsbehörden braucht es eine Fleischbeschau, um die Freigabe für eine solche »Schächtung« zu bekommen.

Station 12 Kopftuch

Das Wort »Pardah« im Koran bedeutet Vorhang, Schleier und steht für das islamische Moralsystem und damit für eine bestimmte Lebensweise (Sure 24, 31). Die Muslima trägt das »Kopftuch« aus spirituellen und moralischen Gründen. Sie zeigt so, dass sie sich zu ihrem Glauben bekennt, gehorsam gläubig und keusch leben will, wie Allah es im Koran fordert. Andere Frauen im Islam lehnen das »Kopftuch« als Zeichen der Unterdrückung der Frauen ab. In vielen islamischen Staaten ist das Tragen des Schleiers in der Öffentlichkeit Pflicht für alle Frauen: z. B. im Iran, in Saudi-Arabien und in Afghanistan vor dem Krieg (Burqa). Im säkularen Staat Türkei ist dagegen das Tragen des Kopftuches an staatlichen Schulen und Universitäten untersagt. Der Schleier ist aus keinem deutschen Stadtbild mehr wegzudenken. Sogar der Schador (Ganzkörperschleier – auch mit Gesichtsschleier) wird inzwischen in Deutschland immer häufiger getragen. In der Bundesrepublik stellt sich die Frage, ob eine muslimische Lehrerin an einer deutschen Schule mit Kopftuch unterrichten darf. Der Sport- und Schwimmunterricht für Mädchen ist für viele muslimische Eltern an deutschen Schulen moralisch fragwürdig. Für deutsche christliche Schüler ist das Kopftuch häufig Anlass für Hänseleien und Spott. Wer ein Kopftuch trägt, kann nur von gestern sein. Auch christlichen Schülerinnen ist die Kopftuchfrage also keineswegs gleichgültig. Hier werden die meisten Vorurteile über den Islam laut geäußert, deshalb ist dieses Thema mit vielen Schülern nur schwer zu bearbeiten. Für viele Mädchen ist die Frage interessant, ob bestimmte Kleidung eher Unterdrückung oder Schutz bedeutet. Gerade in diesem Alter ist auch ein Nachdenken über die unterschiedlicher Erziehung von Jungen und Mädchen und die Rollenerwartung an Frauen und Männer für die eigene Identität bedeutsam.

Station 13 Krieg und Frieden (Dschihad)

Zu den schwierigen Themen des Koran gehört der »Heilige Krieg«, besser der »Dschihad« (Sure 2, 190–193). Dieser meint »Kampf« und »Anstrengung« um der Sache Gottes willen. Dieser Kampf muss nicht bloß nach außen gerichtet sein, er kann sich auch nach innen richten und meint dann z.B. Gebet oder Kampf. Der geistliche Kampf wird häufig als »großer Dschihad« bezeichnet, der kriegerische Einsatz dagegen als »kleiner Dschihad«. Zu bedenken ist, dass sich die Ausbreitung des Islam insbesondere heute friedlich vollzieht. Was ein kriegerischer Dschihad bedeutet, zeigte sich im Kampf der »Mudschaheddin« (Glaubenskämpfer) in Afghanistan gegen das kommunistische Regime. Der Anschlag vom 11. September 2001 auf das World Trade Center in New York darf nach Meinung fast aller Muslime nicht als »Dschihad« bezeichnet werden.

Die Ausbreitung des Islam Station 14

Bis zum Tode Mohammeds bekannte sich ganz Arabien zum Islam. Die weitere geschichtliche Entwicklung lässt sich in fünf Phasen beschreiben:

632–661 Die vier frei gewählten Kalifen
661–750 Die Herrschaft der Omayyaden mit Ausbreitung nach Spanien und bis an den Indus
750–1258 Herrschaft der Abbassiden, darin das Zeitalter der Kreuzzüge
1288–1918 Großreich der Osmanen mit europäischem Kolonialismus in Algerien, Palästina, Libanon, Syrien, Irak seit dem 19. Jahrhundert
seit 1945 Islamische Nationalstaaten, dabei Zuwanderung muslimischer Arbeitnehmer und ihrer Familien nach Mitteleuropa und zunehmende Ausbreitung des Islam in afrikanischen Ländern

80–85 Prozent der Muslime sind Sunniten, die sich neben dem Koran auch an die Sunna halten, weitere schriftliche Überlieferungen, die in der frühen Geschichte des Islam entstanden sind. Der verbleibende Teil sind Schiiten. Teilgruppen der Schiiten sind die Zaiditen, Immamiten und Ismaeliten, von denen sich wiederum die Aleviten abgespalten haben.

Die türkischen Muslime in der Bundesrepublik sind überwiegend Sunniten. Ein kleiner Teil zählt sich zu den aus Südanatolien kommenden Aleviten, die die Person Alis fast göttlich verehren.

Die abendländische Kultur ist ohne die arabisch-islamischen Einflüsse nicht zu denken. Das Abendland verdankt dem Islam z.B. das Zahlensystem, das Schachspiel, naturwissenschaftliche, astronomische und medizinische Erkenntnisse, Früchte und Gemüsesorten, Gewürze, Stoffe, Kosmetika, das Papier, chemische Verfahren. Eingangstor dieser Einflüsse war vor allem das maurische Spanien.

Forschungsaufgaben Station 15

Einige Stationen sind leicht zu bearbeiten, damit für gute Schülerinnen keine angemessene Herausforderung. Für diese sind die »Forschungsaufgaben« gedacht. Sie werden zusätzlich benotet. Die Schüler können diese Aufgaben schriftlich oder als Präsentationsaufgabe für den Rest der Klasse bearbeiten. Bei der Recherche werden sie Hilfestellungen benötigen.

Als im Jahre 632 Mohammed starb, kam es innerhalb des Islam zu einer heftigen Auseinandersetzung, wer dessen legitimer Nachfolger sein sollte. *A Sunniten und Schiiten*

Eine Mehrheit einigte sich darauf, einen Kalifen (Nachfolger) zu benennen, der die religiöse und politische Führung der Muslime in einer Person vereinigen könne, aber darüber hinaus keine besondere göttliche Autorität beanspruchen oder besondere moralische Qualitäten aufweisen müsse. Der Kalif sollte aus dem Stamme Mohammeds kommen und in der Lage sein, die Gemeinschaft nach Recht und Gerechtigkeit zu führen. Aus dieser Mehrheit wurden die Sunniten, die bis heute die Mehrheit der Muslime ausmachen. Neben dem Koran sind die »Sunna«, die Wegweisung des Propheten, wie sie in den »Hadithen« (Sprüche und Begebenheiten aus dem Leben Mohammeds) überliefert ist, sowie die übereinstimmende Meinung der Gemeinschaft Grundlage des persönlichen, sozialen und gesellschaftlichen Lebens.

Eine Minderheit der Muslime lehnte diese Entscheidung ab. Sie waren der Überzeugung, Gott selbst würde über den Nachfolger Mohammeds entscheiden. Sie waren überzeugt, der Nachfolger Mohammeds müsse auch aus dessen Familie kommen, und glaubten in Ali, dem Vetter und Schwiegersohn des Propheten, den von Gott bestimmten Kalifen gefunden zu haben. Auf Grund dessen wurden sie von den Sunniten als »Schi'at Ali« (Partei Alis) bezeichnet, woraus die Bezeichnung »Schiiten« wurde. Nachdem Ali 661 nach nur fünfjähriger Amtszeit als Kalif und 680 auch sein Sohn Hussain ermordet wurde, kam es zur endgültigen Trennung von Sunniten und Schiiten. Seitdem pilgern Schiiten jährlich am Todestag Hussains an dessen Grab in Kerbela (Irak) und versuchen dabei den Märtyrertod Alis und Hussains nachzuerleben: Sie singen Opferlieder und schlagen sich auf die eigene Brust. Zu ihrer Frömmigkeit gehören das Gefühl des Verratenseins, die Opferbereitschaft und der Mut zum Widerstand. Da ihr Führer nur aus der Familie Mohammeds stammen kann und von Gott eingesetzt sein muss, diese Linie aber abgebrochen ist, warten Schiiten bis heute auf den »Madhi«, den Retter. Sie sind davon überzeugt, dass der letzte legitime »Imam« (Führer, eigentlich Vorbeter) in die Zeitlosigkeit entrückt worden sei und am Ende der Zeit als Imam Madhi wiederkommen werde. Bis dahin können Führer und Herrscher der Schiiten nur eine Stellvertreterrolle beanspruchen. Ein solcher Stellvertreter war Ayatollah Khomeni im Iran. Schiiten finden sich vor allem im Iran und im Irak. Unter den Muslimen in Deutschland zählen die Aleviten zu den Schiiten.

B Die Scharia »Scharia« ist das arabische Wort für das religiöse Gesetz im Islam. Die wörtliche Bedeutung ist »der Weg, der zur Oase führt«. In dieser ursprünglichen Bedeutung zeigt sich der Sinn des islamischen Gesetzes: Wer Gottes Scharia folgt, kommt nicht in der Wüste um, sondern findet das Wasser des Lebens. Um zu einem guten Leben zu gelangen, bemüht sich der fromme Muslim, Gottes Gebote zu kennen, das Gute zu tun und das Böse zu meiden. So bleibt er in der »Rechtleitung« Gottes.

Die Scharia befasst sich mit verschiedenen Gebieten: religiöse Pflichten, Familienrecht, Erb-, Eigentums- und Vertragsrecht, Straf- und Prozessrecht, Verwaltungsrecht, Führung des Krieges. Sie regelt damit das Leben des Einzelnen, der Familie, der Gemeinschaft und das gesellschaftliche Leben. Unterschieden werden Gebote, Empfehlungen, Erlaubnisse, Missbilligungen und Verbote. Bei allen Gesetzen handelt es sich um Anordnungen Gottes, die gehorsam hinzunehmen sind, damit aber auch klare Anweisungen liefern.

Die Geltung der Scharia wurde in den islamischen Ländern weitgehend zurückgedrängt, gewinnt aber wieder Bedeutung. In der Türkei ist die Scharia als staatliche Rechtsgrundlage sogar ganz außer Kraft gesetzt; sie ist allerdings in der Bevölkerung insbesondere im Ehe- und Familienrecht lebendig geblieben, so dass sich dort eine Spannung zwischen dem Recht des Staates und der gelebten Praxis der Menschen ergibt.

Einen Einblick in die Scharia geben Korantexte wie Sure 4, 12 (Erbrecht), 5, 6 (Gebet); 5, 38 f. (Diebstahl), 17, 23 f. (Umgang mit den Eltern), 24, 31; 33, 59 (Auftreten der Frauen), 2, 177 (Abgaben), 24, 4–9 (Ehebruch), 30, 39; 2, 275; 2, 278–280; 3, 130 (Zinsnehmen).

C Abraham Abraham ist für Juden, Christen und Muslime der Vater des Glaubens. An ihm wird sichtbar, was Glauben heißt. Für den Islam gilt Abraham darüber hinaus als der erste Muslim. Er ist ein Vorbild des gottergebenen Gläubigen, da er die Pflichten eines frommen Menschen erfüllt (Wallfahrt 22, 26–29; gute Werke 21, 73). Inmitten einer heidnischen Umwelt erkennt er Gott und beginnt seine Landsleute zum Glauben an den einen Gott zu bekehren. Abraham wird zum Freund Gottes ausgewählt. Gott gibt ihm die Offenbarung (Sure 2, 136; 4, 163) und die Schrift (87, 18–19). Er verheißt ihm Nachkommenschaft, stellt aber auch seinen Glauben auf die Probe, indem er ihn auffordert, seinen Sohn zu opfern (37, 99–113; 2, 124). Abraham baut mit Hilfe seines Sohnes Ismael das Heiligtum der Kaaba zu Mekka (2, 125–127; 3, 95–97; 22, 26).

Eine vertiefte Auseinandersetzung mit Abraham könnte sich mit dem biblischen Abraham beschäftigen und Gen 12, 1–9; 15, 1–7; 17, 1–14; 18, 1–16; 21, 2.3.; 22, 19 nacherzählen.

Interessant wäre aber auch ein Vergleich von Gen 22 und Sure 37, 99–113. Denkbar ist auch die Lektüre von »Ibraim und Ismael« aus Vorlesebuch Religion Fremde Religionen I, 295–297 und 334.

In der Bundesrepublik leben ca. drei Millionen Muslime. Für sie bringt der Alltag in einem nichtmuslimischen Land eine Vielzahl von Problemen, die ihren christlichen Nachbarn völlig fremd sind. Schülerinnen können hier recherchieren, welche Probleme sich für fromme Muslime durch eine Geburt in einem christlichen Krankenhaus, bei der Namensgebung gegenüber der gesetzlichen Regelung des Namensrechts in Deutschland ergeben. Probleme enstehen ebenso beim Sorgerecht nach einer Scheidung, bei der Durchführung der Beschneidung, beim Besuch von Kindergärten in kirchlicher Trägerschaft. Für Schüler am interessantesten sind alle Probleme, die sich durch den Schulbesuch in Deutschland ergeben: Jungen und Mädchen werden gemeinsam unterrichtet, im Sport- und Schwimmunterricht wird die Kleiderfrage für viele schwierig, Klassenfahrten, auf denen Jungen und Mädchen in Zimmern nebeneinander schlafen ohne die strenge Aufsicht, die muslimische Eltern sich für ihre Töchter wünschen, die Essensfrage in Jugendherbergen (kein Verzehr von Schweinefleisch), die Darstellung von nackten Körpern im Kunst- und Biologieunterricht, u. a.

D Muslime bei uns

Probleme ergeben sich aber auch durch Krankenhausaufenthalte, bei Versicherungsfragen, bei deutschen Banken, beim Sterben und bei der Beerdigung der muslimischen Mitbürger.

Diese Fragen werden auch für Schüler verständlich dargestellt in: Peter Heine, Halbmond über deutschen Dächern, München, 1997. Natürlich können Schülerinnen auch muslimische Mitschüler oder Nachbarn interviewen oder im Internet recherchieren.

Der Koran stellt Jesus in die Reihe der großen Propheten der Religionsgeschichte: »Und als Wir von den Propheten ihre Verpflichtung entgegennahmen, und auch von dir und von Noach, Abraham, Mose und Jesus, dem Sohn Marias« (Sure 33,7). Jesus ist von Allah beauftragt worden, den Kindern Israels eine Schrift zu bringen, das Evangelium. Seine Lehre, seine religiösen Kenntnisse und vor allem seine Offenbarungsschrift hat er unmittelbar von Gott erhalten. Er ist ein großer Gesandter Gottes (3,48–49; 4,171; 5,111). Er bringt Erleichterung und mehr Klarheit gegenüber den bisherigen gesetzlichen Bestimmungen.

E Jesus

In vielerlei Hinsicht entspricht das Bild Jesu im Koran dem der Bibel: Jesus ist Sohn der Jungfrau Maria (Sure 3,47; 19,19–22). Diese empfing ihr Kind durch einen göttlichen Schöpfungsakt. Jesus tat Wunder und Zeichen (5,110–115) und scharte Jünger und Apostel um sich. Er ist zum Himmel emporgefahren und er wird am Ende der Zeit wiederkommen und das Endgericht ankündigen. In zwei Hinsichten unterscheiden sich Koran und Bibel jedoch deutlich: Für den Koran ist Jesus nicht am Kreuz gestorben (4,157–158), Gott hat ihn vielmehr zu sich erhoben. Sehr klar wird auch seine Gottessohnschaft abgelehnt, denn Gott ist einer (Sure 112).

Wer sich einmal mit dem Koran intensiv beschäftigen will, kann auf Grund folgender Koranstellen das Jesusbild des Islam formulieren und die Unterschiede und Gemeinsamkeiten zum Christentum herausarbeiten: Sure 3,45–55; 4,155–159; 4,168–171; 5,109–116; 19,16–37; 43,57–64; 9,29–31.

99 Prozent der Bevölkerung in der Türkei sind Muslime. Sie sind in der Mehrzahl Sunniten, daneben gibt es aber auch eine starke alevitische Glaubensgemeinschaft. Nach dem Zusammenbruch des Osmanischen Reiches im Jahre 1918 errichtete Kemal Atatürk in der Türkei einen säkularen Staat. Seit 1928 ist der Islam nicht mehr die offizielle Staatsreligion. Das Kalifat wurde abgeschafft, islamische Gerichte und Ausbildungsstätten geschlossen, der Religionsunterricht wurde an staatlichen Schulen eingestellt. Frauen wurde die Verschleierung untersagt, der islamische Kalender wurde durch den westlichen ersetzt, Polygamie wurde verboten und die zivile Eheschließung eingeführt, statt der arabischen wurde die lateinische Schrift verbindlich gemacht, der Sonntag wurde statt des Freitags Ruhetag. Der Islam sollte auf die Moschee und das persönliche Verhalten beschränkt werden, Staat und Religion sollten getrennt werden.

F Islam in der Türkei

Nach dem Zweiten Weltkrieg erstarkten aber immer mehr gegenläufige Bewegungen. Es kam zu Spannungen, die bis heute anhalten. Der Islam ließ sich nicht so weit zurückdrängen. Islamische Kräfte suchten gesellschaftlichen Einfluss zu gewinnen. 1961 wurde ein Präsidium für Religionsangelegenheiten eingerichtet. 1982 wurde der Religionsunterricht wieder zum Pflichtfach erklärt, aber gleichzeitig wie die offizielle Koranunterweisung und die theologische Ausbildung unter staatliche Kontrolle gestellt. Während einst der Bau von Moscheen untersagt wurde, entstehen jetzt wieder überall Moscheen.

In vielen Geschichts- und Gemeinschaftskundesammlungen gibt es die »Informationen zur politischen Bildung«. Das Heft 238 (1. Quartal 1993) beschäftigt sich mit dem »Islam im Nahen Osten« und bietet Zahlen und Statistiken zur ganzen Region. Ein Kapitel (S. 20–24) ist der Türkei gewidmet. Einblicke liefern auch Encarta und andere Nachschlagewerke.

G Jerusalem Die Stadt Jerusalem verbindet Juden, Christen und Muslime.

Für *Juden* ist Jerusalem die Stadt Davids und der Ort des Tempels. Hier ist der Ort der gnädigen Gegenwart Gottes.

Für *Christen* ist die Stadt mit dem Leben Jesu verbunden. Hier pries der alte Simeon Gott, als er den Säugling Jesus sah: »Meine Augen haben das Heil gesehen« (Lk 2, 25 ff). Hier kam es zur Tempelreinigung, zum letzten Abendmahl, zur Verhaftung und zur Verurteilung, zu Kreuzigung, Begräbnis und Auferstehung. Hier lebte die Urgemeinde, hier kam es zur Ausgießung des heiligen Geistes. Hierher ziehen seit 2000 Jahren Christen, um Christus anzubeten.

Für *Muslime* ist Jerusalem der Ort der Entrückung von Mohammed in den Himmel. Dort habe Mohammed unter dem heiligen Felsen die früheren Propheten einschließlich Abraham, Mose und Jesus getroffen und im Gebet geleitet. Über diesem Felsen wurde schon bald nach Mohammeds Tod der Felsendom errichtet. Auf Grund dieser Überlieferung ist für Muslime Jerusalem die drittwichtigste Stadt nach Mekka und Medina.

Angesichts der heutigen Verhältnisse in Israel und Palästina kommt der Bezeichnung Jerusalems als »Stadt des Friedens« eine tiefe Bedeutung zu: Wenn hier einmal Frieden sein wird, geht es auf der ganzen Welt friedlicher zu.

In Lexika oder im Internet kann nach »Jerusalem, heilige Stadt von Juden, Christen und Muslimen« geforscht werden.

Der Unterricht mit der Lernstraße

1. Aufarbeitung des Materials

Empfohlen wird, alle Arbeitskarten zu laminieren, da sie stark strapaziert werden. Auf ihrer Vorderseite sind jeweils die Arbeitsaufträge zu finden. Auf der Rückseite sind alle Materialien der Station aufgeführt, die nach Beendigung der Arbeit mit der Station von den Schülern so auf Vollständigkeit geprüft werden sollten. Zum besseren Überblick sind für die Hand des Lehrers alle Arbeitskarten zusätzlich in DIN A 6 abgedruckt (S. 25–28)

Alle Farbfotos und alle Lösungsblätter – die es nur einmal gibt – sollten in Schutzhüllen eingefügt oder laminiert werden. Die Farbfotos sind aus technischen Gründen am Schluss eingeheftet.

Es ist von Vorteil, wenn alle Lösungsblätter vor der Laminierung auf farbiges Papier kopiert werden. Sind z. B. alle Lösungsblätter gelb im Gegensatz zu den weißen Arbeitsblättern, so ist jederzeit für alle erkennbar, wenn die Lösungsblätter benutzt werden – und damit eine gewisse Kontrolle über den Gebrauch dieser Lösungsblätter möglich.

Bei einzelnen Stationen bedarf das Material der Ergänzung:

Station 3: Empfohlen wird ein Koran in deutscher Sprache (Übersetzung von Adel Theodor Khoury, Gütersloh, 3. Aufl. 2001) sowie Schmuckpapier und Farbstifte z. B. Gold und Silberstifte.

Station 6: Arbeitsblatt 2 muss auf DIN A 3 kopiert werden.

Station 9: Hier müssen Überweisungsträger hinzugefügt werden (bei jeder Bank erhältlich).

Station 13: Folienstifte hinzufügen

Durch Dias, Karten, interessante Bücher, Bildbände, Zeitschriften, Postkarten, Souvenirs aus dem Urlaub in einem muslimischen Land u. a. wird das Material interessanter, bunter, anregender.

2. Einführung in das Thema für die Klasse

Für Schüler ist eine sorgfältige Einführung in das Thema und in die Arbeit mit einer Lernstraße unbedingt wichtig.

Dazu bietet sich das Medium Film an. Die Schülerinnen bekommen einen ersten (farbigen) Eindruck von einer für sie immer noch fremden Religion, können erste Fragen stellen und bekommen gleichzeitig einen Überblick über die verschiedenen Aspekte des Islam. Der Inhalt der einzelnen Stationen ist dann nicht mehr völlig fremd.

Mit Schülern, die die Arbeit mit Lernstraßen noch nicht kennen, empfiehlt sich als Einstieg die gemeinsame Erarbeitung einer Station im Klassenverband. Besonders eignet sich dafür die Station 1 »Das Leben Mohammeds«. Hier werden die verschiedenen Themen der anderen Stationen angesprochen. Wenn die Arbeitskarte als Folie für alle sichtbar vorliegt und die Arbeitsblätter als Klassensatz an alle Schülerinnen kopiert ausgeteilt werden, wird allen die Arbeitsmethode deutlich und die Planung der eigenen Arbeit erleichtert.

Die Schüler sollten mit den benutzten Symbolen auf den Arbeitskarten vertraut gemacht werden:

☺ oder ☺☺ oder ☺☺☺ bedeuten: An dieser Station kann man gut allein oder zu zweit oder in einer kleinen Gruppe arbeiten. Die Gesichter sind nur als Hinweis zu verstehen.

Alle Materialien sind mit M abgekürzt. M 3.2 bedeutet »Material von Station 3 und zwar Arbeitsblatt (AB) Nr. 2«.

Das Zeichen ✍ sagt: Dieses Blatt gehört in deinen Ordner.

Jeder Schüler erhält zu Beginn das Überblicksblatt, auf dem er die Themen aller Stationen sehen kann. Auf einem Protokollblatt vermerkt jeder, was er in jeder Stunde gearbeitet hat, mit wem er gearbeitet hat und wer die Ergebnisse kontrolliert hat, u. U. auch er selbst.

Ein genauer Zeitrahmen für die Arbeit mit der Lernstraße ist für Schülerinnen sehr wichtig. Empfohlen wird, für die selbstständige Arbeit nicht weniger als 8 Stunden einzuplanen – vor allem wenn auch Forschungsaufgaben bearbeitet werden und einzelne Stationen von Schülern präsentiert werden sollen.

3. Pflicht- und Wahlstationen

Um die Zeitdauer der Arbeit mit der Lernstraße zu begrenzen, ist es sinnvoll, einige Stationen als Pflicht-, andere als Wahlstationen zu definieren. Die Mindestanzahl der zu bearbeitenden Wahlstationen sollte den Schülerinnen bekannt gegeben werden. Station 6: »Die fünf Säulen des Islam« sollte zu den Pflichtstationen gehören, die Stationen 7 bis 11 können dagegen zum Wahlbereich werden. Den Jungen sollte die Vermeidung von Station 12: »Kopftuch« erlaubt sein. Es ist empfehlenswert, mit dem Geschichtslehrer abzustimmen, wie ausführlich das Thema: Die Ausbreitung des Islam« (Station 14) behandelt werden soll.

4. Einsatz von Filmen

Eine gute Möglichkeit, die Freiarbeit zu strukturieren, bieten Filme zum Thema: Nach vier bis fünf Stunden Arbeit an den Stationen – je nach Leistungsstärke der Klasse – wird ein Film gemeinsam betrachtet. In die Besprechung des Films können alle ihre neu erworbenen Kenntnisse über den Islam und entstandene Fragen einbringen. Auch für die abschließende Wiederholung bieten sich Filme und ihre Besprechung an.

5. Präsentation der Stationen

Die Schüler wählen nach etwa zwei Dritteln der vorgesehenen Zeit an der Lernstraße eine Station aus, die sie am Ende als Wiederholung oder zur Vertiefung präsentieren wollen. So wird für die ganze Klasse ein Minimalwissen aller Stationen gesichert, wichtige Inhalte wiederholt und eine neue Arbeitsform eingeübt. Zum Präsentieren können den Schülerinnen Folien aus dem Foliensatz Islam des pädagogischen Seminars der Diözese Regensburg (siehe Lit.) zur Verfügung gestellt werden.

6. »Forschungsaufgaben« und Ergänzungsmaterial

»Forschungsaufgaben«: Um auch guten Schülerinnen ausreichend Anregungen zum eigenen Lernen zu bieten, werden in Station 15 »Forschungsaufgaben« angeboten. Alle Aufgaben erfordern eigene Recherchen, die Erschließung eigenen Materials und eine eigene Darstellung des Themas. Man sollte damit rechnen, dass diese Recherchen Unterstützung brauchen. Die Schüler können diese Aufgaben schriftlich oder als Präsentationsaufgabe bearbeiten. Diese Aufgabe wird zusätzlich benotet. Die angebotenen Themen in Station 15 sind nur Vorschläge. Eigene Themenvorschläge sind hier erwünscht – selbstverständlich in Absprache mit der Lehrerin.

Ergänzungsmaterial: Da der Religionsunterricht in der 8. Klasse in vielen Bundesländern nur einstündig erteilt wird, stehen für die Arbeit mit der Lernstraße häufig nur 40-Minuten-Einheiten zur Verfügung (das Aufräumen erfordert auch

Zeit!). Einige Schüler beenden ihre Station nach 30 bis 35 Minuten und fragen dann, was sie in den letzten fünf Minuten machen sollen. Für diese »letzten 5 Minuten« sind die kurzen Rätsel gedacht, die gleichzeitig der Wiederholung und Verknüpfung von Stationen dienen. Gerade lernschwächere Schüler lieben kurze leichte Aufgaben. Die Lösungsblätter helfen die eigenen Lösungen selbstständig zu kontrollieren oder helfen bei Fragen, die (noch) nicht selbst beantwortet werden können. Ein Flechtmuster farbig zu gestalten macht auch dann Freude, wenn der Schultag besonders anstrengend war (Klassenarbeiten) und viele müde sind. Viele Schülerinnen liefern am Ende mehr als einen Farbentwurf ab.

7. Bewertung der Schülerleistung

Das vorgeschlagene Vorgehen bietet verschiedene Möglichkeiten zur Leistungsbeurteilung:

1. Die Schüler legen einen Ordner »Islam« an, in den sie alle Arbeitsblätter einordnen und in dem sie eigene Materialien wie Fotos und Postkarten sammeln. In jeder Station ist mindestens ein Arbeitsblatt, das in den Ordner gehört. So ist die Bearbeitung jeder Station in dem Ordner dokumentiert. Dieser Ordner wird am Ende der Unterrichtseinheit bewertet.
2. Zusätzlich können die Schülerinnen den Inhalt einer Station »präsentieren« und bekommen dafür eine Note.
3. Ebenso werden die Forschungsaufgaben benotet.
4. Neue Beobachtungsbögen zum Lern- und Arbeitsverhalten der Schüler ermöglichen weitere mündliche Noten.
5. Ein Test kann über den Inhalt der Pflichtstationen geschrieben werden oder über alle Inhalte, die gemeinsam nach der »Freiarbeit« wiederholt wurden.

Das Konzept zur *Lernstraße Islam* entstand aus der Arbeit einer Gruppe von badischen evangelischen Religionslehrer/innen auf einer Freiarbeits-Tagung. Dieses Material wurde im Anschluss an diese Tagung weiterentwickelt, um weitere Stationen ergänzt, im Unterricht erprobt und in Fortbildungen geprüft.

Die vorliegende Fassung verdankt sich einem dreijährigen Entwicklungsprozess, an dem viele Kolleginnen und Kollegen beteiligt waren. In besonderer Weise möchte ich Christiane Müller (Heidelberg), Werner Ross (Rheinfelden), Reinhard Menz (Pforzheim) und Hartmut Rupp danken.

Laufzettel

Name: _____ Klasse: _____

	Thema:	Erledigt/Datum	Gearbeitet mit:	Kontrolliert von:
1 P	Das Leben Mohammeds			
2	Die Moschee			
3 P	Der Koran			
4	Der islamische Festkalender			
5	Islamische Lebensfeste			
6 P	Die fünf Säulen des Islam			
7 P	Das Glaubens- bekenntnis			
8	Das Gebet			
9	Almosengeben			
10	Fasten im Monat Ramadan			
11	Die Pilgerfahrt			
12	Kopftuch			
13	Krieg und Frieden			
14	Ausbreitung des Islam			

Zusätzlich:		

Elf Regeln für die Freiarbeit

§ 1
Jeder verhält sich so leise,
dass niemand gestört wird.

§ 2
Wir denken immer auch an unsere Mitschüler.
Wir helfen ihnen, wenn sie um Rat fragen.

§ 3
Wir bewegen uns möglichst leise
und rücksichtsvoll.

§ 4
Auch in den Pausen
sowie vor Unterrichtsbeginn gilt § 1.

§ 5
Die Lehrer schließen den Unterricht pünktlich,
damit die Schüler die volle Pausenzeit haben.

§ 6
Wer etwas beschädigt oder zerstört,
ersetzt den Schaden.

§ 7
Fühlt sich jemand gestört,
so bittet er oder sie
die Störenden (leise) um Ruhe.

§ 7 a
Wer drei Mal ermahnt wird,
muss die Freiarbeit abbrechen.

§ 7 b
Ist keine Ruhe herzustellen,
tritt für 5 Minuten Silentium
(absolutes Stillschweigen) ein.

§ 8
Während der Freiarbeit macht jede/r
dann eine kurze Pause,
wenn er/sie Entspannung nötig hat,
also in der Regel nach Abschluss
einer längeren Arbeit.

§ 9
Am Ende der Freiarbeit wird das Material
auf Vollständigkeit kontrolliert und aufgeräumt.

§ 10
Die bearbeiteten Arbeitsblätter
kommen in den eigenen Ordner.

§ 11
Wer eine Arbeit anfängt,
muss sie auch zu Ende führen.

Wie du deine eigene Arbeit organisierst

1. Überlege dir schon vorher, was du machen willst!
   Sprich das auch mit deinen Klassenkameraden ab.

2. Teile dir deine Zeit selbst ein und vergiss die Aufräumzeit nicht.

3. Bearbeite manchmal auch eine Aufgabe, die dir weniger Spaß macht, sie könnte für dich nützlich sein.

4. Geh sorgfältig mit dem Arbeitsmaterial um, auch andere arbeiten gern mit schönem und vollständigem Material.

5. Frage dich am Ende:
   – Habe ich alles gemacht, was ich machen wollte?
   – Habe ich meine Aufgabe richtig bearbeitet?
   – Habe ich Lösungen überprüft?
   – Habe ich das Arbeitsblatt ordentlich geschrieben?
   – Ist das Material noch vollständig?

6. Stelle das Material ordentlich an seinen Platz zurück.

7. Fülle den Berichtbogen ordentlich aus und ordne die Arbeitsblätter richtig ein.

Überblick Lernstraße Islam

(Die kursiv gedruckten Materialien bitte selbst besorgen; die mit (L) gekennzeichneten Materialien laminieren; die mit (F) gekennzeichneten Materialien finden sich auf den Farbseiten am Schluss.)

	Thema:	Materialien:	
1	Das Leben Mohammeds	1.1	Erzählung: Aus dem Leben Mohammeds (L)
		1.2	Bildkarten Mohammed (L) (F)
		1.3	Ausschneidebogen 1: Bilder Mohammeds
		1.4 a	Ausschneidebogen 2: Das Leben Mohammeds
		1.4 b	Lösungsblatt zu 1.4 a (L)
2	Die Moschee	2.1	Fotos: Moscheen (L)
		2.2	Infoblatt: Moschee (L)
		2.3 a	AB: Moschee und Kirche im Vergleich
		2.3 b	Lösungsblatt zu 2.3 a (L)
3	Der Koran	3.1	Eine arabische Koranseite (L)
		3.2 a	AB (Lückentext): Der Koran
		3.2 b	Lösungsblatt zu 3.2 a
		3.3	Der Koran: Sure 1 (L)
		3.4	*Schmuckpapier und Stifte*
		3.5	*Koran in deutscher Sprache*
4	Der islamische Festkalender	4.1	AB: Der islamische Festkalender
		4.2	12 Infokarten: Jahresfeste (L)
		4.3 a	Silbenrätsel: Jahresfeste
		4.3 b	Lösungsblatt zu 4.3 a (L)
5	Islamische Lebensfeste	5.1 a–d	Bildkarten: Islamische Lebensfeste (L) (F)
		5.2	Textkarten: Geburt, Kindheit, Heirat, Tod und Begräbnis (L)
		5.3	AB: Islamische und christliche Lebensfeste
6	Die fünf Säulen des Islam	6.1 a	AB 1: Die fünf Säulen (DIN A 3)
		6.1 b	Ausschneidebogen: Die fünf Säulen
		6.1 c	Lösungsblatt zu 6.1 a + b (L)
		6.2 a	Lückentext: Die fünf Säulen
		6.2 b	Lösungsblatt zu 6.2 a (L)
7	Das Glaubensbekenntnis	7.1	AB: Mind Map zum Glaubensbekenntnis
		7.2	Infotext: Schahada (L)
		7.3	Text: Die 99 Namen Gottes (L)
		7.4	Lösungsblatt zu 7.1 (L)

	Thema:	Materialien:	
8	Das Gebet	8.1	Fotos: Betende Muslime (L)
		8.2	Infotext: Das Gebet (L)
		8.3	Farbbild Miniatur (L) (F)
		8.4	Schwarzweiß-Bild Miniatur
		8.5	Text: Erklärungen zur Miniatur (L)
9	Almosengeben	9.1	*Überweisungsträger*
		9.2	Infotext: Die Armensteuer/Erzählung Jehan Sadat (L)
10	Fasten im Monat Ramadan	10.1	Infotext: Der Fastenmonat Ramadan (L)
		10.2	Rollenspiel: Ramadan
11	Die Pilgerfahrt	11.1	Spielplan: Wer wird zuerst Hadschi? (L)
		11.2	Spielanleitung zu 11.1 (L)
		11.3	AB: Hadsch – die Wallfahrt nach Mekka
		11.4	Fotos: Mekka
12	Kopftuch	12.1–4	Fotos: Muslimische Frauen (L) (F)
		12.5	Text: Plädoyer für den Schleier (L)
		12.6	Korantext: Bekleidungsvorschriften für Frauen (L)
		12.7	AB: Bekleidungsvorschriften für Frauen – reine Schikane?
		12.8	Text: Die geschlechtsspezifische Erziehung im Islam (L)
13	Krieg und Frieden	13.1	Text: Krieg und Frieden (L)
		13.2	AB: Krieg und Frieden
		13.3	Meine Meinung (L)
		13.4	*Folienstifte*
14	Ausbreitung des Islam	14.1	AB: Weltreligionen heute/Ausbreitung des Islam heute
		14.2	AB: Die Ausbreitung des Islam (historisch)
		14.3	Die Weltreligionen in Zahlen (L)
15	Ergänzungsmaterial: 5-Minuten-Rätsel Forschungsaufgaben	15.1–9	Rätsel zum Wiederholen und Üben/ Arbeitsblätter
		15.10	Vorlage Mosaik (L) (F)
		15.11	Malvorlage
		15[+]	Forschungsaufgaben (L)

Station 2

Die Moschee

Arbeitsaufgaben

- Stelle dir vor, du bist Architekt/in und bekommst den Auftrag, eine Moschee zu bauen. Informiere dich mit Hilfe der Fotos (M 2.1 a–f) und des Infotextes (M 2.2), was unbedingt zu einer Moschee gehört. Zeichne den Grundriss einer Moschee und beschrifte ihn. → 1

- Bearbeite das Arbeitsblatt M 2.3 a →

Station 4

Der islamische Festkalender

Arbeitsaufgaben

- Erstelle mit Hilfe der Infokarten einen islamischen Festkalender. Beachte dabei folgende Schritte:
  1. Notiere auf dem Arbeitsblatt M 4.1 kurz zum richtigen Monat den Namen und die Bedeutung des jeweiligen Festes.
  2. Gestalte nach diesem Vorbild einen christlichen Festkreis mit den dazugehörigen Symbolen. →

- Berechne das kommende islamische Jahr anhand der Formel auf der Informationskarte und notiere das Ergebnis im Festkreis M 4.1.

- Löse nun das Silbenrätsel M 4.3 a →

Station 1

Das Leben Mohammeds

Arbeitsaufgaben

- Lies die Erzählung vom Leben Mohammeds (M 1.1) und überlege dir, zu welcher Lebenssituation die folierten Bilder (M 1.2 a–d) gehören.

- Gestalte ein kleines Album zum Leben Mohammeds. Verwende dazu den Bilderausschneidebogen (M 1.3) und den Ausschneidebogen mit Texten und Jahreszahlen (M 1.4 a) →

Station 3

Der Koran, das heilige Buch der Muslime

Arbeitsaufgaben

- Schau dir die arabische Koranseite (M 3.1) und den Koran in deutscher Sprache an.

- Schreibe in schöner Schrift die erste Sure in Deutsch auf ein Schmuckblatt. →

- Bearbeite den Lückentext (M 3.2 a).

- Beantworte schriftlich die Fragen Fatimas:
  – Welchen Aufbau hat eure Bibel?
  – In welchen Sprachen ist sie geschrieben? →

- Die *Sure 1* (M 3.3) ist mit dem *Vater Unser* vergleichbar. Schreibe das *Vater Unser* auf ein Blatt. Unterstreiche mit Blau, was *Vater Unser* und *Sure 1* gemeinsam haben, und mit Rot, worin sie sich unterscheiden.

Station 6

Die fünf Säulen des Islam

Arbeitsaufgaben

- Ordne die Symbole und die Texte aus dem Ausschneidebogen (M 6.1b) und klebe sie in das Arbeitsblatt DIN A3 (M 6.1a) ein. →

- Fülle den Lückentext aus (M 6.2a). →

Station 8

Das Gebet (Salat)

Arbeitsaufgaben

- Schau dir die Fotos der betenden Muslime an (M 8). Welche Gemeinsamkeiten und Unterschiede fallen dir auf? Was könnte die Haltung der Menschen auf den Bildern ausdrücken? Was erkennt man aus den Bildern über den Glauben der Muslime?

- Lies den Infotext über das Gebet (M 8.2) und erkläre schriftlich folgende Begriffe: *Salat – Muezzin – Imam – Mihrab – Allahu akbar – Salamu alaikum.* →

- Nun schau dir die farbige Miniatur von Muhammad Racim genau an (M 8.5). Lies die Erklärungen dazu (M 8.5) durch und ordne dann die richtigen Nummern der Erklärungen den einzelnen Gebetshaltungen mit einem Farbstift auf der Schwarzweiß-Kopie (M 8.4) zu. →

Station 5

Islamische Lebensfeste

Arbeitsaufgaben

- Betrachte die Bildkarten (M 5.1a–d) und lies anschließend die Textkarten (M 5.2).

- Ordne Bilder und Texte einander zu.

- Schreibe kurze Sätze zu den islamischen Festen auf das Arbeitsblatt (M 5.3).

- Ergänze auf dem Arbeitsblatt die entsprechenden christlichen Lebensfeste. →

Station 7

Das islamische Glaubensbekenntnis (Schahada)

Arbeitsaufgaben

- Der beiliegende Arbeitsbogen (M 7.1) ist der Anfang einer »Mind Map«, einer »Gedankenkarte«. In der Mitte befindet sich das islamische Glaubensbekenntnis in Schönschrift. Von dieser Mitte gehen fünf Pfade ab. Sie sollen durch Abzweigungen mit ergänzenden Informationen versehen werden, die du dem Text entnehmen kannst. Lies den Infotext (M 7.2), die 99 Namen Gottes (M 7.3) und entwickle die Mind Map. →

- Vergleiche dein Ergebnis mit dem eines Mitschülers oder einer Mitschülerin. Am Schluss kannst du deine Mind Map mit dem Lösungsblatt M 7.4 abgleichen.

Station 10

Fasten im Monat Ramadan (Saum)

Arbeitsaufgaben

- Überlegt euch gemeinsam 10 Gründe, warum Menschen fasten, und unterstreicht die, die euch besonders sinnvoll erscheinen.

- Lest den Infotext (M 10.1) und beantwortet schriftlich die Fragen:
  1. Warum fasten Muslime?
  2. Wer muss fasten?
  3. Was bedeutet »iftar« und wie wird es gestaltet? →

- Jetzt spielt das Rollenspiel zum Ramadan (M 10.2).

Station 12

Kopftuch

Arbeitsaufgaben

- Betrachtet die Bilder (M 12.1–4). Welche Unterschiede und Gemeinsamkeiten könnt ihr feststellen?

- Bearbeitet das Arbeitsblatt (M 12.7) mithilfe der Texte (M 12.5/6).

- Überprüft eure Meinung zum Kopftuch noch mit dem Videofilm (37°).

Für besonders Interessierte

- Der Text M 12.8 stammt aus einem islamischen Erziehungsbuch. Unterstreiche mit verschiedenen Farben die Pflichten der Frau und des Mannes. Mit einer dritten Farbe kannst du unterstreichen, was in christlichen Familien in Deutschland ebenfalls praktiziert wird. Dein Kommentar ist erwünscht! →

Station 9

Almosengeben (Zakat)

Arbeitsaufgaben

- Du hast von deinem Taschengeld 150 Euro gespart und deine Oma hat dir noch 150 Euro zum Geburtstag geschenkt. Im Fernsehen siehst du Bilder von hungernden Kindern in Afrika und einen Spendenaufruf. Du überlegst, ob du von den 300 Euro einen Teil für diese Kinder an »Brot für die Welt« überweist. Fülle einen Überweisungsauftrag (M 9.1) mit deinem Spendenbetrag aus und klebe den Überweisungsauftrag in dein Heft. Wenn du nichts geben willst, klebe einen leeren Überweisungsauftrag ein. →

- Lies in dem Infotext (M 9.2) nach, welche Einstellung Muslime zum Almosengeben haben. Wie viel würde ein frommer Muslim von den 300 Euro als Almosen geben? An wen würde er spenden? Fülle auch für ihn einen Überweisungsauftrag aus, klebe ihn ins Heft und begründe seine Entscheidung.

Station 11

Die Pilgerfahrt (Hadsch)

Arbeitsaufgaben

- Suche dir bis zu drei Mitschüler/innen und spielt dann zusammen »Wer wird zuerst Hadschi?« (M 11.1, M 11.2).

- Nach dem Spiel solltet ihr die Fragen auf dem Arbeitsblatt (M 11.3) beantworten können.

- Klebt nun ein Foto der Wallfahrt (M 11.4) dazu und erläutert, was darauf von der Hadsch zu sehen ist. →

Station 14

Die Ausbreitung des Islam

Arbeitsaufgaben

- Bearbeite das Arbeitsblatt »Verbreitung des Islam heute« (M 14.1)

- Betrachte die historische Karte, die dir zeigt, wie sich der Islam nach Mohammeds Tod ausbreitete. Bestimme dann die Farben für die Legende auf dem zweiten Arbeitsblatt (M 14.2).

Station 13

Krieg und Frieden (Dschihad)

Arbeitsaufgaben

- Lies den Text auf dem Infoblatt (M 13.1) von einem frommen Muslim und betrachte dazu das Bild der Frauen mit ihren Waffen. Bearbeite dann das Arbeitsblatt mit der Friedenstaube von Picasso (M 13.2). →
- Deine Meinung ist gefragt! Kreuze nach einer Diskussion mit Klassenkameraden mit Folienstift an (M 13.3), wie du die Vorwürfe beurteilst. Du kannst deine Stellungnahme zum Thema »Krieg und Frieden in den Religionen« auch schriftlich in deinem Ordner festhalten.

Station 15

Üben, Wiederholen und Weiterforschen

Arbeitsaufgaben

- Zum Üben und Wiederholen in nur 5 Minuten findest du hier 5 Rätsel (M 15.1–5), 4 Arbeitsblätter (M 15.6–9) und eine Malvorlage (M 15.11).
- Es gibt noch viele weitere interessante Aspekte des Islam. Auf den Karten (M 15. Spezial A – G) findest du »Forschungsaufgaben«, die dir Extrapunkte bei Bearbeitung einbringen – und viele neue Einsichten.

Denke daran: Eigene Forschung macht klug!

Station 1

Das Leben Mohammeds

Arbeitsaufgaben

● Lies die Erzählung vom Leben Mohammeds (M 1.1) und überlege dir, zu welcher Lebenssituation die folierten Bilder (M 1.2a–d) gehören.

● Gestalte ein kleines Album zum Leben Mohammeds. Verwende dazu den Bilderausschneidebogen (M 1.3) und den Ausschneidebogen mit Texten und Jahreszahlen (M 1.4 a) →

Station 2

Die Moschee

Arbeitsaufgaben

● Stelle dir vor, du bist Architekt/in und bekommst den Auftrag, eine Moschee zu bauen. Informiere dich mit Hilfe der Fotos (M 2.1 a–f) und des Infotextes (M 2.2), was unbedingt zu einer Moschee gehört. Zeichne den Grundriss einer Moschee und beschrifte ihn. →

● Bearbeite das Arbeitsblatt M 2.3 a →

Station 1

Materialien

M 1.1	Text: Lebensgeschichte Mohammeds (L)
M 1.2a–d	Bildkarten aus dem Leben Mohammeds (L)
M 1.3	Ausschneidebogen 1: Schwarzweiß-Bilder aus dem Leben Mohammeds
M 1.4 a	Ausschneidebogen 2: Texte und Jahreszahlen
M 1.4 b	Lösungsblatt zu M 1.4 a

Station 2

Materialien

M 2.1a–f	Fotos: Moscheen (L)
M 2.2	Infotext (L)
M 2.3 a	Arbeitsblatt: Moschee und Kirche im Vergleich
M 2.3 b	Lösungsblatt (L) zu M 2.3 a

Der Koran, das heilige Buch der Muslime

Arbeitsaufgaben

- Schau dir die arabische Koranseite (M 3.1) und den Koran in deutscher Sprache an.

- Schreibe in schöner Schrift die erste Sure in Deutsch auf ein Schmuckblatt. →

- Bearbeite den Lückentext (M 3.2 a).

- Beantworte schriftlich die Fragen Fatimas:
  - Welchen Aufbau hat eure Bibel?
  - In welchen Sprachen ist sie geschrieben? →

- Die **Sure 1** (M 3.3) ist mit dem **Vater Unser** vergleichbar. Schreibe das **Vater Unser** auf ein Blatt. Unterstreiche mit <u>Blau</u>, was **Vater Unser** und **Sure 1** gemeinsam haben, und mit <u>Rot</u>, worin sie sich unterscheiden.

Station 4

Der islamische Festkalender

Arbeitsaufgaben

- Erstelle mit Hilfe der Infokarten einen islamischen Festkalender.
  Beachte dabei folgende Schritte:
  1. Notiere auf dem Arbeitsblatt M 4.1 kurz zum richtigen Monat den Namen und die Bedeutung des jeweiligen Festes.
  2. Gestalte nach diesem Vorbild einen christlichen Festkreis mit den dazugehörigen Symbolen. →

- Berechne das kommende islamische Jahr anhand der Formel auf der Informationskarte und notiere das Ergebnis im Festkreis M 4.1.

- Löse nun das Silbenrätsel M 4.3 a →

Station 3

Materialien

M 3.1	Eine arabische Koranseite (L) und ein Koran in deutscher Sprache
M 3.2 a	Lückentext: Der Koran
M 3.2 b	Lösungsblatt zu M 3.2 a
M 3.3	Sure 1 (L)
M 3.4	Schmuckpapier und Stifte

Station 4

Materialien

M 4.1	Arbeitsblatt: Jahreskreis im Islam
M 4.2	12 Infokarten zu islamischen und christlichen Festen. (L)
M 4.3 a	Silbenrätsel: Islamische und christliche Feste im Verlauf des Jahres
M 4.3 b	Lösungsblatt (L) zu M 4.3 a

Station 5

Islamische Lebensfeste

Arbeitsaufgaben

- Betrachte die Bildkarten (M 5.1a–d) und lies anschließend die Textkarten (M 5.2).

- Ordne Bilder und Texte einander zu.

- Schreibe kurze Sätze zu den islamischen Festen auf das Arbeitsblatt (M 5.3).

- Ergänze auf dem Arbeitsblatt die entsprechenden christlichen Lebensfeste. →

Station 6

Die fünf Säulen des Islam

Arbeitsaufgaben

- Ordne die Symbole und die Texte aus dem Ausschneidebogen (M 6.1 b) (✁) und klebe sie in das Arbeitsblatt DIN A 3 (M 6.1 a) ein. →

- Fülle den Lückentext aus (M 6.2 a). →

Station 5

Materialien

M 5.1a–d	Bildkarten: Islamische Lebensfeste (L)
M 5.2	Textkarten (L)
M 5.3	Arbeitsblatt: Islamische und christliche Lebensfeste

Station 6

Materialien

M 6.1 a	AB: Die fünf Säulen (DIN A 3)
M 6.1 b	Ausschneidebogen: Symbole und Erläuterungen zu den fünf Säulen (DIN A 4)
M 6.1 c	Lösungsblatt zu 6.1 a + b (L)
M 6.2 a	Lückentext: Die fünf Säulen
M 6.2 b	Lösungsblatt zu M 6.2 a (L)

Station 7

Das islamische Glaubensbekenntnis (Schahada)

Arbeitsaufgaben

● Der beiliegende Arbeitsbogen (M 7.1) ist der Anfang einer »Mind Map«, einer »Gedankenkarte«. In der Mitte befindet sich das islamische Glaubensbekenntnis in Schönschrift. Von dieser Mitte gehen fünf Pfade ab. Sie sollen durch Abzweigungen mit ergänzenden Informationen versehen werden, die du dem Text entnehmen kannst. Lies den Infotext (M 7.2), die 99 Namen Gottes (M 7.3) und entwickle die Mind Map. →

● Vergleiche dein Ergebnis mit dem eines Mitschülers oder einer Mitschülerin. Am Schluss kannst du deine Mind Map mit dem Lösungsblatt M 7.4 abgleichen.

Station 8

Das Gebet (Salat)

Arbeitsaufgaben

● Schau dir die Fotos der betenden Muslime an (M 8.1). Welche Gemeinsamkeiten und Unterschiede fallen dir auf?
Was könnte die Haltung der Menschen auf den Bildern ausdrücken?
Was erkennt man aus den Bildern über den Glauben der Muslime?

● Lies den Infotext über das Gebet (M 8.2) und erkläre schriftlich folgende Begriffe: **Salat – Muezzin – Imam – Mihrab – Allahu akbar – Salamu alaikum**. →

● Nun schau dir die farbige Miniatur von Muhammad Racim genau an (M 8.3). Lies die Erklärungen dazu (M 8.5) durch und ordne dann die richtigen Nummern der Erklärungen den einzelnen Gebetshaltungen mit einem Farbstift auf der Schwarzweiß-Kopie (M 8.4) zu. →

Station 7

Materialien

M 7.1	Arbeitsbogen (Mind Map)
M 7.2	Infotext: Schahada – Das islamische Glaubensbekenntnis (L)
M 7.3	Text: Die 99 Namen Gottes (L)
M 7.4	Lösungsblatt zu M 7.1 (L)

Station 8

Materialien

M 8.1	Fotos: Betende Muslime (L)
M 8.2	Infotext: Gebet (L)
M 8.3	Farbkopie Miniatur (L)
M 8.4	Schwarzweiß-Kopie der Miniatur
M 8.5	Erklärungen zur Miniatur (L)

Station 9

Almosengeben (Zakat)

Arbeitsaufgaben

● Du hast von deinem Taschengeld 150 Euro gespart und deine Oma hat dir noch 150 Euro zum Geburtstag geschenkt. Im Fernsehen siehst du Bilder von hungernden Kindern in Afrika und einen Spendenaufruf. Du überlegst, ob du von den 300 Euro einen Teil für diese Kinder an »Brot für die Welt« überweist. Fülle einen Überweisungsauftrag (M 9.1) mit deinem Spendenbetrag aus und klebe den Überweisungsauftrag in dein Heft. Wenn du nichts geben willst, klebe einen leeren Überweisungsauftrag ein. →

● Lies in dem Infotext (M 9.2) nach, welche Einstellung Muslime zum Almosengeben haben. Wie viel würde ein frommer Muslim von den 300 Euro als Almosen geben? An wen würde er spenden? Fülle auch für ihn einen Überweisungsträger aus, klebe ihn ins Heft und begründe seine Entscheidung. →

Station 10

Fasten im Monat Ramadan (Saum)

Arbeitsaufgaben

● Überlegt euch gemeinsam 10 Gründe, warum Menschen fasten, und unterstreicht die, die euch besonders sinnvoll erscheinen.

● Lest den Infotext (M 10.1) und beantwortet schriftlich die Fragen:
  1. Warum fasten Muslime?
  2. Wer muss fasten?
  3. Was bedeutet »ifar« und wie wird es gestaltet? →

● Jetzt spielt das Rollenspiel zum Ramadan (M 10.2).

Station 9

Materialien

M 9.1   Überweisungsträger

M 9.2   Infotext: Die Armensteuer (Zakat) (L)

Station 10

Materialien

M 10.1   Infotext: Der Fastenmonat Ramadan (L)

M 10.2   Rollenspiel: Ramadan

Die Pilgerfahrt (Hadsch)

Arbeitsaufgaben

● Suche dir bis zu drei Mitschüler/innen und spielt dann zusammen »Wer wird zuerst Hadschi?«
(M 11.1, M 11.2).

● Nach dem Spiel solltet ihr die Fragen auf dem Arbeitsblatt (M 11.3) beantworten können.

● Klebt nun ein Foto der Wallfahrt (M 11.4) dazu und erläutert, was darauf von der Hadsch zu sehen
ist. →

Kopftuch

Arbeitsaufgaben

● Betrachtet die Bilder (M 12.1–4). Welche Unterschiede und Gemeinsamkeiten könnt ihr feststellen?

● Bearbeitet das Arbeitsblatt (M 12.7) mithilfe der Texte (M 12.5/6). →

● Überprüft eure Meinung zum Kopftuch noch mit dem Videofilm (37°).

Für besonders Interessierte

● Der Text M 12.8 stammt aus einem islamischen Erziehungsbuch. Unterstreiche mit verschiedenen
Farben die Pflichten der Frau und des Mannes. Mit einer dritten Farbe kannst du unterstreichen,
was in christlichen Familien in Deutschland ebenfalls praktiziert wird.
Dein Kommentar ist erwünscht! →

Station 11

Materialien

M 11.1   Spielplan: Wer wird zuerst Hadschi? (L)

M 11.2   Spielanleitung (L)

M 11.3   Arbeitsblatt: Hadsch – die Wallfahrt nach Mekka

M 11.4   Fotos: Mekka

Station 12

Materialien

M 12.1–4   Fotos: Muslimische Frauen (L)

M 12.5   Infotext: Plädoyer für den Schleier (L)

M 12.6   Texte aus dem Koran (L)

M 12.7   Arbeitsblatt: Bekleidungsvorschriften für Frauen – reine Schikane?

M 12.8   Text: Erziehung im Islam (L)

Krieg und Frieden (Dschihad)

Arbeitsaufgaben

- Lies den Text auf dem Infoblatt (M 13.1) von einem frommen Muslim und betrachte dazu das Bild der Frauen mit ihren Waffen. Bearbeite dann das Arbeitsblatt mit der Friedenstaube von Picasso (M 13.2). →

- Deine Meinung ist gefragt! Kreuze nach einer Diskussion mit Klassenkameraden mit Folienstift an (M 13.3), wie du die Vorwürfe beurteilst. Du kannst deine Stellungnahme zum Thema »Krieg und Frieden in den Religionen« auch schriftlich in deinem Ordner festhalten.

Die Ausbreitung des Islam

Arbeitsaufgaben

- Bearbeite das Arbeitsblatt »Verbreitung des Islam heute« (M 14.1) →

- Betrachte die historische Karte, die dir zeigt, wie sich der Islam nach Mohammeds Tod ausbreitete. Bestimme dann die Farben für die Legende auf dem zweiten Arbeitsblatt (M 14.2).

Station 13

Materialien

M 13.1   Infotext: Krieg und Frieden (L)

M 13.2   Arbeitsblatt: Krieg und Frieden

M 13.3   Meine Meinung (L) (Folienstifte!)

Station 14

Materialien

M 14.1   Arbeitsblatt: Verbreitung der Weltreligionen und des Islam heute

M 14.2   Arbeitsblatt: Ausbreitung des Islam (historisch)

M 14.3   Schaubild: Die Weltreligionen in Zahlen (L)

Üben, Wiederholen und Weiterforschen

Arbeitsaufgaben

● Zum Üben und Wiederholen in nur 5 Minuten findest du hier 5 Rätsel (M 15.1–5), 4 Arbeitsblätter (M 15.6–9) und eine Malvorlage (M 15.11).

● Es gibt noch viele weitere interessante Aspekte des Islam. Auf den Karten (M 15. Spezial A – G) findest du »Forschungsaufgaben«, die dir Extrapunkte bei Bearbeitung einbringen – und viele neue Einsichten.

Denke daran: Eigene Forschung macht klug!

Station 15

Materialien

M 15.1–8	Rätsel und Arbeitsblätter mit gelben Lösungsblättern (L)
M 15.10/11	Flechtmosaik mit Farbvorlage (L)
M 15.11	Malvorlage
M 15. Spezial A–G:	Forschungsaufgaben (L)

Literaturhinweise

Literatur für die Hand der Lehrer/innen

Der Koran, Übersetzung von Adel Theodor Khoury, Gütersloh, 3. Aufl., 2001

Adel Theodor Khoury (Hg.): So sprach der Prophet, GTB Sachbuch 785, 1988

Hans Küng/Josef van Ess: Christentum und Weltreligionen I Islam, Gütersloh 1987

Religionen, Religiosität und christlicher Glaube: eine Studie, Gütersloh 1971

Kirchenamt der EKD (Hg.): Was jeder vom Islam wissen muß, Gütersloh 1991

Karl-Josef Kuschel: Streit um Abraham. Was Juden, Christen und Muslime trennt – und was sie eint, München 1996

Peter Heine: Halbmond über deutschen Dächern. Muslimisches Leben in unserem Land, München/Leipzig 1997

Erhard Gorys: Das Heilige Land, Köln 1984

Darum: Muslime und Christen, Evangelisches Missionswerk in Südwestdeutschland e. V. (Hg.), Stuttgart 1992

Bundeszentrale für politische Bildung (Hg.): Der Islam im Nahen Osten. Informationen zur politischen Bildung 238, 1993

Schul- und Vorlesebücher

Entdeckungen machen 5/6, Cornelsen Verlag, Düsseldorf 19987

Hubertus Halbfas: Religionsbuch für das 5./6. Schuljahr, Patmos Verlag, Düsseldorf 1989

LebensZeichen 7/8, Vandenhoeck & Ruprecht, Göttingen 1990

Ingo Baldermann (Hg.): Hoffnung lernen. Religion 5/6, Ernst Klett Schulbuchverlag, Stuttgart 1995

Gerechtigkeit lernen. Religion 7/8, Ernst Klett Schulbuchverlag, Stuttgart 1996

Das Leben suchen. Religion 7/8, Verlag Moritz Diesterweg, Frankfurt am Main 1989

Große Fremde Religionen, Schroedel Schulbuchverlag, Hannover 1989

Kursbuch Religion Neuausgabe 5/6, Verlag Moritz Diesterweg, Franfurt am Main 1991

Kursbuch Religion Neuausgabe 7/8, Verlag Moritz Diesterweg, Franfurt am Main 1991

Kursbuch Religion 2000, Band 7/8, Calwer Verlag/Verlag Moritz Diesterweg, Stuttgart/Frankfurt 1998

Monika und Udo Tworuschka (Hg.): Vorlesebuch Fremde Religionen, Verlag Ernst Kaufmann/Patmos-Verlag, Lahr/Düsseldorf 1988

Rita Prostmeier: Der Islam. Arbeitsblätter für den Religionsunterricht, Religionspädagogisches Seminar der Diözese Regensburg, Regensburg 1993

Landesinstitut für Erziehung und Unterricht Stuttgart (Hg.): Handreichung zum Bildungsplan Gymnasium »Die Welt des Islam«. Fächerverbindendes Thema Klasse 8, evR,kR, Eth, G, Ek, FTh 505, 1995

Für die Hand der Schüler/innen

Geschichte mit Pfiff (Heft 8,85): Halbmond mit Kreuz. Spanien im Mittelalter

AV-Medien

Filme:
Mohammed, Koran und Gebet, 1978, 14 Min.
Nazmiyes Koptuch, 1990, 22 Min.
Abrahams Großstadtkinder, 1992, 22 Min.
Die Ausbreitung des Islam über die Welt, 14 Min.
Wut im Bauch, 1992, 29 Min.
Das heilige Buch des Islam. Der Koran, 1993, 15 Min.
Kinder in zwei Kulturen, 1992, 25 Min.
Der Islam: Glaubensgrundlagen, 1990, 30 Min.

Für Station 12 (Kopftuch) sehr zu empfehlen:
Kopftuch und Minirock, 2003, 30 Min., aus der Reihe 37°
Bestelladresse: ZDF, Mevluda Bekiri, Red. Kirche und Leben/ev, 55100 Mainz. Produktionsnr. 55400270. E-Mail: Bekiri.M@zdf.de

Folien:
Religionspädagogisches Seminar der Diözese Regensburg (Hg.): Der Islam. Folien, Farbbilder, Erklärungen. Regensburg o. J.

Geburt und Kindheit

Der Prophet wurde am Montag, dem 17. des Monats Rabi im Jahr des Elefanten (570) geboren. Nach der Geburt sandte Amina, seine Mutter, einen Boten zu seinem Großvater und ließ ihm sagen: »Ein Knabe wurde dir geboren. Komm und sieh ihn dir an!« Sein Vater Abdallah war schon vor seiner Geburt gestorben. Der Großvater kam und brachte ihn in die Kaaba und betete zu Gott, um Ihm für Seine Gabe zu danken.

Der Gesandte Gottes lebte bei seiner Mutter Amina und seinem Großvater unter dem Schutze und der Obhut Gottes. Als der Prophet sechs Jahre alt war, starb aber seine Mutter. Nach dem Tode seines Großvaters lebte Mohammed bei seinem Onkel Abu Talib. Und Mohammed wuchs heran – wobei Gott ihn behütete und beschützte, da Er ihn ehren und mit der Prophetenschaft auszeichnen wollte. Bald nannte man ihn wegen all der guten Eigenschaften, die Gott in ihm vereinigt hatte, nur noch Amin, den »Treuen«.

Mohammed und Chadidscha

Der Ruf von Mohammeds Aufrichtigkeit und Zuverlässigkeit kam auch Chadidscha zu Ohren, einer sehr reichen und angesehenen Dame. Nachdem ihr Mann gestorben war, hatte sie alle Freier abgewiesen und ihre Geschäfte selbst weitergeführt. Gerade jetzt suchte sie einen Handelsvertreter, und sie bot Mohammed die Stelle an. Als der junge Mann einwilligte, schickte sie ihn mit einer Ladung Waren nach Syrien, damit er sie dort verkaufte. Die Reise wurde ein großer Erfolg, und als Mohammed zurückkehrte, legte er nicht nur einen ausführlichen Bericht, sondern auch eine gründliche Abrechnung vor und händigte Chadidscha eine ansehnliche Geldsumme aus. Chadidscha war sehr beeindruckt und beschloss, Mohammed zu heiraten, obwohl sie schon 40 Jahre alt war und er erst 25. Nachdem er mit seinem Onkel beratschlagt hatte, nahm er das Angebot an, und mit der Hochzeit begann ein glückliches Familienleben. Drei Söhne und vier Töchter wurden geboren, aber die meisten von ihnen starben sehr jung. Jeder aber kennt Mohammeds Tochter Fatima, von der viele Geschichten erzählt werden. Fortan kümmerte sich Mohammed um Chadidschas vielseitige Handelsgeschäfte.

Mohammeds Berufung

Mohammed dachte ständig über die Geheimnisse des Lebens nach. In der Wüste fand er eine Höhle, in die er sich jetzt im Alter von 40 Jahren oft tagelang ganz allein zurückzog.

In einer Nacht des Monats Ramadan erschien in der Höhle ein Engel. Er zeigte Mohammed ein Buch von Allah und sprach: »Lies!« »Ich kann doch gar nicht lesen«, erwiderte Mohammed entsetzt. Damals konnten nur sehr wenige Menschen lesen und schreiben, und schon gar nicht die Kinder aus armen Familien, die schon früh selbst ihren Lebensunterhalt verdienen mussten und keine Zeit zum Spielen oder Lernen hatten. Aber der Engel befahl wiederum: »Lies!« Er drückte Mohammed fest an sich, bis er zögernd fragte: »Was soll ich lesen?« Da trug der Engel selbst die ersten Worte der Offenbarung vor. So wurde er Allahs letzter Gesandter.

Erschrocken eilte Mohammed nach Hause und erzählte Chadidscha von seinem Erlebnis. Seine Frau hörte ihm aufmerksam zu und sagte: »Du bist der beste Mensch, den ich je gekannt habe. Darum hat Allah dich auserwählt. Sicher will Er nur Gutes für dich.« Chadidscha hatte einen Verwandten, der kannte alle Bücher der Juden und Christen. Als er von Mohammeds Erlebnis hört, sprach er: »Mohammed ist wirklich ein auserwählter Gesandter. Allah hat zu ihm gesprochen, wie Er zu Musa (Mose) und Isa (Jesus) gesprochen hat.«

Situation in Mekka – Freunde und Feinde Mohammeds

Von diesem Tag an ermahnte Allahs Gesandter ständig die Menschen und forderte sie auf, die machtlosen Götzen zu verlassen und nur Allah zu dienen und auf Ihn zu vertrauen. Viele von den Armen und Unterdrückten hörten auf ihn und wurden Muslime. Sie freuten sich, dass Allah dereinst die ehrlichen und standhaften Menschen belohnt. Aber die Reichen ärgerten sich. Einerseits wussten sie genau, dass Mohammed nichts als die Wahrheit sprach, aber andererseits wollten sie ihr bequemes Leben nicht aufgeben. Die reichen Götzendiener von Mekka versuchten nun selbst, Allahs Gesandten von seinem Auftrag abzubringen. Sie sprachen zu ihm: »Wir wollen dir alles geben, was du haben willst. Wenn du Geld haben willst, brauchst du uns nur zu sagen wie viel.« Aber die Götzendiener mussten einsehen, dass sie Allahs Gesandten weder erpressen noch überreden konnten. So fingen sie an, die Muslime zu verfolgen und zu quälen, wo sie nur konnten.

Flucht Mohammeds

Während seine Feinde in Mekka im Jahr 622 Mordpläne schmiedeten und sogar schon sein Haus umstellt hatten, verließ Allahs Gesandter die Stadt und fand Zuflucht in einer Höhle in der Wüste. Als die Götzendiener in das Haus eindrangen, fanden sie dort nur Ali und mussten enttäuscht umkehren. Sie erfuhren bald, dass Mohammed nicht länger in Mekka war, und machten sich sogleich auf die Suche. Einige von ihnen kamen sogar in die Nähe der Höhle. Aber Allah hatte einer Spinne befohlen, ihr Netz vor dem Höhleneingang zu bauen, so dass die Verfolger glauben mussten, hier könnte schon seit Jahren keine Menschenseele mehr gewesen sein, und die Suche aufgaben.

Mit großen Ehren wurde Allahs Gesandter in Medina empfangen. Auch die anderen Muslime wurden wie Brüder und Schwestern aufgenommen. Die Muslime fingen sogleich an, in ihrer neuen Heimat eine Moschee zu bauen, und Allahs Gesandter half selbst mit und schleppte eigenhändig schwere Steine.

Die meisten Muslime hatten all ihr Hab und Gut in Mekka zurücklassen müssen. Darum fürchteten die Götzendiener, sie könnten aus Vergeltung oder Not ihre Handelskarawanen überfallen, die auf der großen Straße dicht an Medina vorbeizogen. Sie beschlossen darum, die Muslime anzugreifen und Medina zu erobern. Tausend schwer bewaffnete Reiter mit Pferden und Kamelen brachen im Monat Ramadan von Mekka auf. Als die Muslime in Medina von dem drohenden Angriff erfuhren, folgten sie Allahs Gesandtem in den Kampf. Sie waren nur 317 Mann mit wenigen Pferden und Waffen, aber sie vertrauten auf Allahs Hilfe. Bei Badr stießen die beiden Heere aufeinander. Die Muslime kämpften mit ungewöhnlichem Mut und schlugen das drei Mal stärkere Heer in die Flucht.

Rückkehr nach Mekka und Tod

Sechs Jahre nach der Auswanderung nach Medina reiste Allahs Gesandter mit seinen Getreuen nach Mekka. Aber die Götzendiener weigerten sich, die Muslime in die Stadt zu lassen. Nach langen Verhandlungen schlossen sie mit den Muslimen einen Vertrag. Die Muslime sollten im nächsten Jahr für drei Tage Mekka besuchen können. Dafür sollten sie alle Mekkaner zurückschicken. Aber die Götzendiener brachen bald den Vertrag. Da zog Allahs Gesandter 630 mit allen Muslimen nach Mekka. Es waren inzwischen sehr viele geworden. Allahs Gesandter befahl, dass es kein Blutvergießen geben sollte. Er ließ verkünden, dass jeder, der in seinem Haus blieb oder bei der Kaaba Zuflucht suchte, sicher sein sollte. Als er selbst die Kaaba betrat, warf er alle Götzenbilder hinaus und verbrannte sie. In Zukunft sollten die Menschen in der Kaaba niemanden außer Allah anbeten. Allahs Gesandter verzieh allen, die den Muslimen so viel Unrecht zugefügt hatten. Die Mekkaner aber, die eine grausame Rache befürchtet hatten, bekannten sich allesamt zum Islam.

Im Jahre 632 starb Mohammed als Führer der gesamten arabischen Halbinsel in Medina.

Der Prophet auf dem Berg Hira:
Mohammed empfängt die Offenbarung.

Der Engel Gabriel erscheint Mohammed und befiehlt ihm, die Menschen zum Glauben an Gott zu bekehren.

Mohammed im Gebet bei der Kaaba. Aus Ehrfurcht vor dem heiligen Geschehen bleibt das Gesicht des Propheten verhüllt.

Mohammed im Kreis seiner Gefährten.

Achtung: Alle Texte und Jahreszahlen sind ganz ungeordnet. Schneide die Jahreszahlen und Texte aus und gestalte daraus zusammen mit den Schwarzweiß-Bildern ein Album von Mohammeds Leben. Du kannst alle Texte auch ergänzen durch weitere Angaben und Bilder, die du selbst findest.

Mohammed ist 40 Jahre alt. Wie jedes Jahr zieht er sich im Monat Ramadan in die Einsamkeit zurück. Auf dem Berg Hira in einer Höhle begegnet ihm der Engel Gabriel und lehrt ihn die Worte Gottes. So wird Mohammed der Gesandte Allahs.

Um ca. 500

576

Mohammed nimmt mit einem Heer Mekka ein. Er nimmt aber keine Rache. Alle Bewohner bekehren sich zum Islam. Die alten Götzenbilder werden zerstört.

Mohammed wird in Mekka geboren. Sein Vater stirbt vor seiner Geburt.

610

595

Als Mohammeds Feinde in Mekka sogar Mordpläne schmieden, flieht Mohammed mit wenigen Getreuen nach Medina und gründet dort die erste Gemeinschaft der Muslime. Er verkündet eine neue Ordnung: Alle Muslime sind Brüder, auch wenn sie verschiedenen Stämmen angehörten. Die Muslime bauen die erste Moschee.

In Arabien leben viele verschiedene Stämme. Jeder Stamm verehrt seine eigenen Gottheiten. Man glaubt an Geister. Mekka ist schon lange ein Handels- und Wallfahrtszentrum, wo viele Götzenbilder verkauft werden.

570

632

Mit sechs Jahren verliert er die Mutter. Er wächst zuerst bei seinem Großvater und später bei seinem Onkel auf.

Mohammed stirbt in den Armen seiner Lieblingsfrau in Medina.

622

630

Mohammed heiratet mit 25 Jahren Chadidscha, eine reiche Geschäftsfrau. Sie wird seine erste und wichtigste Anhängerin bis zu ihrem Tod.

Das Leben Mohammeds

Um ca. 500	In Arabien leben viele verschiedene Stämme. Jeder Stamm verehrt seine eigenen Gottheiten. Man glaubt an Geister. Mekka ist schon lange ein Handels- und Wallfahrtszentrum, wo viele Götzenbilder verkauft werden.
570	Mohammed wird in Mekka geboren. Sein Vater stirbt vor seiner Geburt.
576	Mit sechs Jahren verliert er die Mutter. Er wächst zuerst bei seinem Großvater und später bei seinem Onkel auf.
595	Mohammed heiratet mit 25 Jahren Chadidscha, eine reiche Geschäftsfrau. Sie wird seine erste und wichtigste Anhängerin bis zu ihrem Tod.
610	Mohammed ist 40 Jahre alt. Wie jedes Jahr zieht er sich im Monat Ramadan in die Einsamkeit zurück. Auf dem Berg Hira in einer Höhle begegnet ihm der Engel Gabriel und lehrt ihn die Worte Gottes. So wird Mohammed der Gesandte Allahs.
622	Als Mohammeds Feinde in Mekka sogar Mordpläne schmieden, flieht Mohammed mit wenigen Getreuen nach Medina und gründet dort die erste Gemeinschaft der Muslime. Er verkündet eine neue Ordnung: Alle Muslime sind Brüder, auch wenn sie verschiedenen Stämmen angehörten. Die Muslime bauen die erste Moschee.
630	Mohammed nimmt mit einem Heer Mekka ein. Er nimmt aber keine Rache. Alle Bewohner bekehren sich zum Islam. Die alten Götzenbilder werden zerstört.
632	Mohammed stirbt in den Armen seiner Lieblingsfrau in Medina.

*Al-Azhar-
Moschee, Kairo.
Sie wurde im
10. Jahrhundert
gegründet und
ist das geistige
Zentrum des
sunnitischen
Islam.*

*Die Moschee von Kairouan in Tunesien gehört zu den großen nordafrikanischen Wallfahrtszentren
des Islam. Die Moschee wurde schon im 9. Jahrhundert gegründet.*

Die Blaue Moschee in Istanbul

Die Moschee in Pforzheim

Moschee in Pforzheim (Innenansicht)

In einer Moschee beim Freitagsgebet. Die Gebetsnische zeigt nach Mekka. Von der Kanzel wird beim Freitagsgebet auch gepredigt.

Jeden Freitag findet in der Moschee zur Zeit des Mittagsgebets eine gottesdienstliche Versammlung statt. Die Teilnahme ist Pflicht eines jeden Muslim.

Außer den üblichen Gebeten wird bei dieser Feier auch eine Predigt gehalten. Die Gläubigen hören sich die Ansprache stehend an. Ihr Inhalt sind Ermahnungen für ein frommes Leben, Lobpreisungen Gottes und Zitate aus dem Koran.

Zur Ausstattung einer Moschee gehören:
Mindestens ein *Minarett* (Turm), von dem fünf Mal am Tag der Ruf des *Muezzin* (Gebetsrufer) erschallt. Vielfach ist heute der Muezzin durch den Lautsprecher ersetzt worden. Vor dem Betreten der Moschee vollzieht der Muslim die notwendigen Waschungen. Die Moscheen haben Brunnen- oder Leitungswasser im Hof oder ganz in der Nähe. Beim Betreten der Moschee zieht der Besucher seine Schuhe aus. Für das Gebet ist der Boden mit Teppichen belegt. Die Nische (*Mihrab*) gibt die Gebetsrichtung, die *Kibla*, an. In einer Moschee leitet der *Imam* (Vorsteher) das Gebet. Imam kann jeder Muslim sein, der die vorgeschriebenen Kenntnisse hat und die Gebetsformen beherrscht. Er tritt vor die Beter, die sich hinter ihm in Reihen aufstellen. In der Nähe des Mihrab steht die Kanzel, *Minbar* genannt. Von dort aus wird freitags von korankundigen Männern gepredigt. Der einzige Schmuck der Moschee besteht in Koransuren und Ornamenten. Darstellungen von Gott, Menschen und Tieren sind verboten.

Die Moschee ist nicht nur Gottesdienst- und Gebetsraum, sondern auch sonst Treffpunkt der Muslime. Gruppen können Besprechungen abhalten, Schüler finden sich ein und machen ihre Schularbeiten, und nicht zuletzt ist die Moschee Herberge für den müden Wanderer, der sicher sein kann, dass er dort Wasser zum erfrischenden Bad findet, die Gemeinschaft von Gläubigen und einen Platz zum Schlafen.

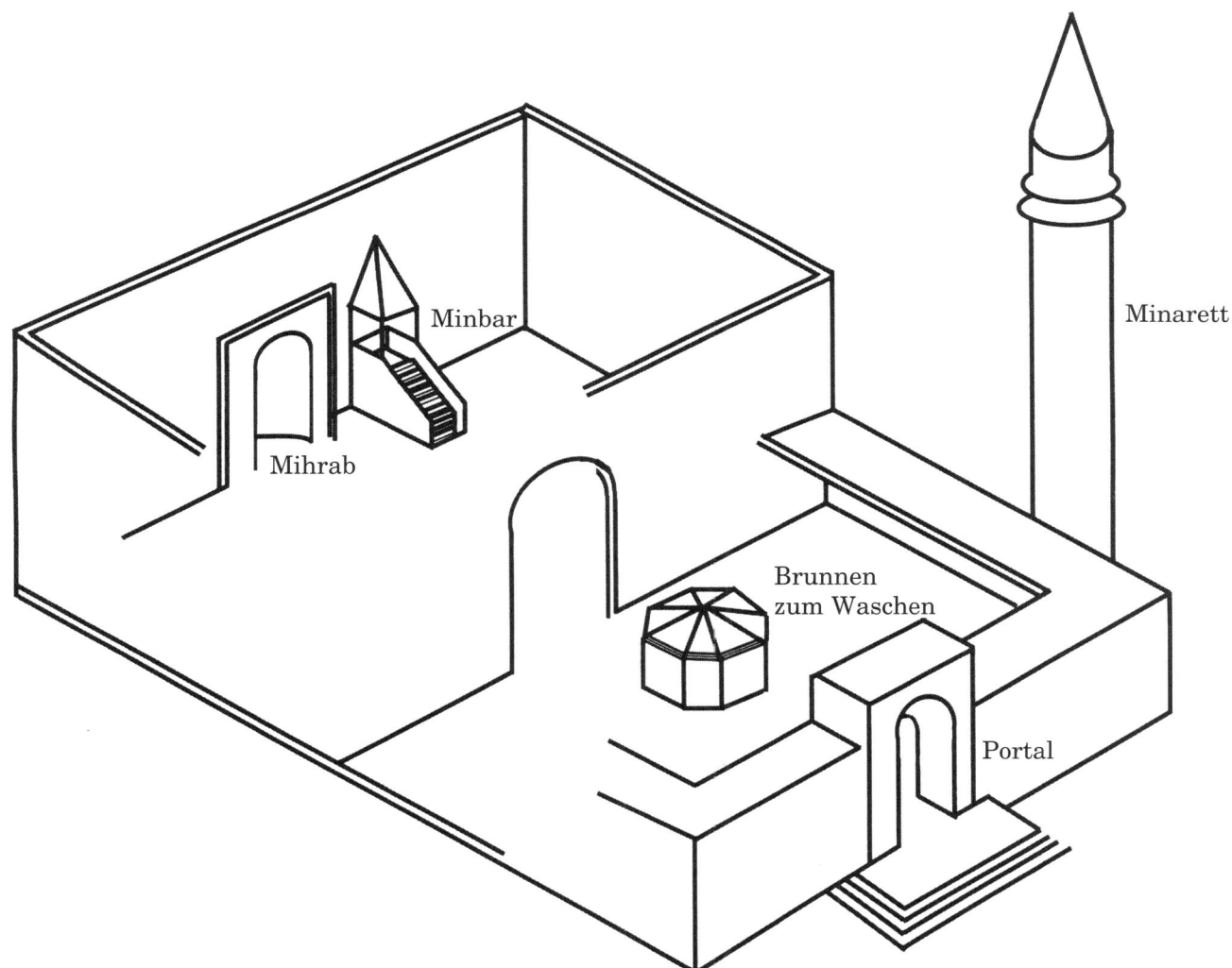

Die Grundelemente einer Moschee (Schemazeichnung)

Moschee und Kirche im Vergleich

	Moschee	Kirche
Übersetzung des Wortes	»Ort, an dem man zum Gebet niederfällt«	»Das zum Herrn gehörende (Haus)«
Innenausstattung		
Gebäudeteile		
Nutzungs-möglichkeiten		
Bekleidungs-vorschriften		

Moschee und Kirche im Vergleich

	Moschee	Kirche
Übersetzung des Wortes	»Ort, an dem man zum Gebet niederfällt«	»Das zum Herrn gehörende (Haus)«
Innenausstattung	Boden mit Teppichen Nische (Mihrab) gibt die Gebetsrichtung, die Kibla, an Kanzel (Minbar) Koransuren und Ornamente als Schmuck	**Evangelisch:** Altar Kanzel Taufstein Orgel Altarkerzen Aufgeschlagene Bibel **Katholisch:** Altar Kanzel Taufstein Orgel Altarkerzen Tabernakel Beichtstuhl Ewiges Licht
Gebäudeteile	Minarett Innenhof mit Waschmöglichkeit	Kirchturm Kirchenschiff(e) Sakristei
Nutzungsmöglichkeiten	Gottesdienst- und Gebetsraum Treffpunkt der Muslime Besprechungsraum Herberge für Wanderer	Gottesdienst- und Gebetsraum Andachtsraum
Bekleidungsvorschriften	Schuhe ausziehen Kopf bedecken (Männer und Frauen)	Männer ohne Hut Dezente Kleidung

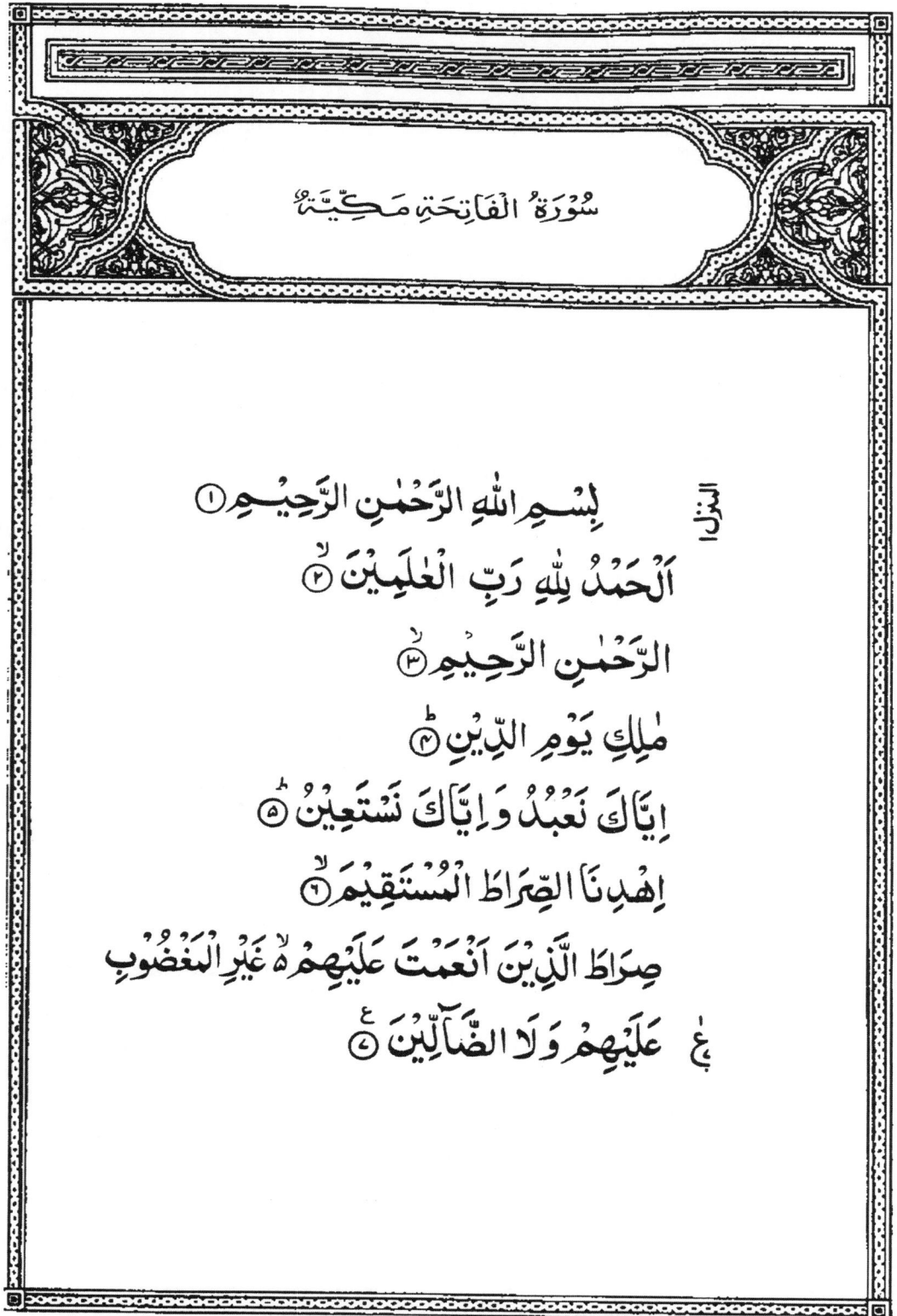

Koranseite mit der Sure 1

An einer Religionsstunde nimmt auch Fatima aus Marokko teil. Die Lehrerin spricht mit ihren Schülern gerade über die Bibel: Wie sie entstanden ist, was darin steht, warum sie für Christen so wichtig ist. Mitten in der Stunde fragt Ulrich: »Fatima, gibt es eigentlich in eurer Religion so etwas Ähnliches wie die _____?«
Fatima blickt Ulrich erstaunt an. »Ja, natürlich! Wir haben ein heiliges Buch. Das ist der _____ mit seinen _____ Suren.« »Das musst du erklären. Das verstehen wir nicht«, rufen einige aus der Klasse. »Koran – das heißt _____. Und die Suren sind die einzelnen _____ des Koran. Der Prophet _____ hat sie alle gehört, als er sich in _____ und _____ aufhielt.« Nun meldet sich Edith zu Wort: »Wie kam er denn dazu?« Fatima freut sich, dass sie erzählen kann, und fährt fort: ›Ja, das war eine aufregende Sache. Der _____ Gabriel ist ihm mehrmals erschienen und hat ihm selbst alles genau – Wort für Wort – diktiert.« »Diktiert? Woher hatte Gabriel das, was er diktierte?« »Das _____ ist im Himmel. Jedes Wort, das in diesem himmlischen Koran aufgeschrieben ist, ist Allahs Wort. Daraus hat Gabriel dem Propheten vorgelesen und dieser hat alles ganz genau auswendig gelernt.« Nun will Christoph wissen: »In welcher Sprache hat der Engel denn zu Mohammed gesprochen?« »Natürlich in _____. Sie ist für uns die Sprache _____.« »Verstehst du denn Arabisch?«, wollen nun einige aus der Klasse wissen. »Ja, etwas schon. Ich habe das in einer _____ gelernt.« »Was ist das denn?« »Das sind Schulen, die es in allen Ländern gibt, wo _____ wohnen, also auch in Deutschland. In diesen Schulen lernen die Kinder die _____ in der Ur-Sprache auswendig.« Alle staunen, und Eberhard möchte wissen: »Macht das denn Spaß?« Fatima zögert etwas, aber dann fährt sie fort: »Anstrengend ist das schon, vor allem wenn man überhaupt kein Arabisch versteht. Aber ein guter Muslim soll viele, ja nach Möglichkeit alle Suren _____ kennen. Das ist der Wunsch Allahs. Ein paar Suren kann ich auch schon.« Die Klasse ist erstaunt und Fatima verspricht, einen Koran in die Schule mitzubringen. Ulrich will noch mehr wissen: »Gibt es auch _____ im Koran wie in unseren Bibelausgaben?« »Nein, Bilder dürfen wir nicht anfertigen. Von _____ darf man sich kein Bild machen, und auch von Menschen nicht.«

Allahs, Arabisch, auswendig, Bibel, Bilder, 114, Erzengel, Gott, Kapitel, Koran, Koranschule, Lesung, Medina, Mekka, Mohammed, Muslime, Originalbuch, Suren.

An einer Religionsstunde nimmt auch Fatima aus Marokko teil. Die Lehrerin spricht mit ihren Schülern gerade über die Bibel: Wie sie entstanden ist, was darin steht, warum sie für Christen so wichtig ist. Mitten in der Stunde fragt Ulrich: »Fatima, gibt es eigentlich in eurer Religion so etwas Ähnliches wie die **Bibel**?«

Fatima blickt Ulrich erstaunt an. »Ja, natürlich! Wir haben ein heiliges Buch. Das ist der **Koran** mit seinen **114** Suren.« »Das musst du erklären. Das verstehen wir nicht«, rufen einige aus der Klasse. »Koran – das heißt **Lesung**. Und die Suren sind die einzelnen **Kapitel** des Koran. Der Prophet **Mohammed** hat sie alle gehört, als er sich in **Mekka** und **Medina** aufhielt.« Nun meldet sich Edith zu Wort: »Wie kam er denn dazu?« Fatima freut sich, dass sie erzählen kann, und fährt fort: »Ja, das war eine aufregende Sache. Der **Erzengel** Gabriel ist ihm mehrmals erschienen und hat ihm selbst alles genau – Wort für Wort – diktiert.« »Diktiert? Woher hatte Gabriel das, was er diktierte?« »Das **Originalbuch** ist im Himmel. Jedes Wort, das in diesem himmlischen Koran aufgeschrieben ist, ist Allahs Wort. Daraus hat Gabriel dem Propheten vorgelesen und dieser hat alles ganz genau auswendig gelernt.« Nun will Christoph wissen: »In welcher Sprache hat der Engel denn zu Mohammed gesprochen?« »Natürlich in **Arabisch**. Sie ist für uns die Sprache **Allahs**.« »Verstehst du denn Arabisch?«, wollen nun einige aus der Klasse wissen. »Ja, etwas schon. Ich habe das in einer **Koranschule** gelernt.« »Was ist das denn?« »Das sind Schulen, die es in allen Ländern gibt, wo **Muslime** wohnen, also auch in Deutschland. In diesen Schulen lernen die Kinder die **Suren** in der Ur-Sprache auswendig.« Alle staunen, und Eberhard möchte wissen: »Macht das denn Spaß?« Fatima zögert etwas, aber dann fährt sie fort: »Anstrengend ist das schon, vor allem wenn man überhaupt kein Arabisch versteht. Aber ein guter Muslim soll viele, ja nach Möglichkeit alle Suren **auswendig** kennen. Das ist der Wunsch Allahs. Ein paar Suren kann ich auch schon.« Die Klasse ist erstaunt und Fatima verspricht, einen Koran in die Schule mitzubringen. Ulrich will noch mehr wissen: »Gibt es auch **Bilder** im Koran wie in unseren Bibelausgaben?« »Nein, Bilder dürfen wir nicht anfertigen. Von **Gott** darf man sich kein Bild machen, und auch von Menschen nicht.«

Sure 1

Die Eröffnung

zu Mekka 7 Verse

Im Namen Gottes, des Erbarmers, des Barmherzigen.

Lob sei Gott, dem Herrn der Welten, dem Erbarmer,

dem Barmherzigen, der Verfügungsgewalt besitzt

über den Tag des Gerichtes!

Dir dienen wir, und Dich bitten wir um Hilfe.

Führe uns den geraden Weg, den Weg derer,

die Du begnadet hast, die nicht dem Zorn verfallen

und nicht irregehen.

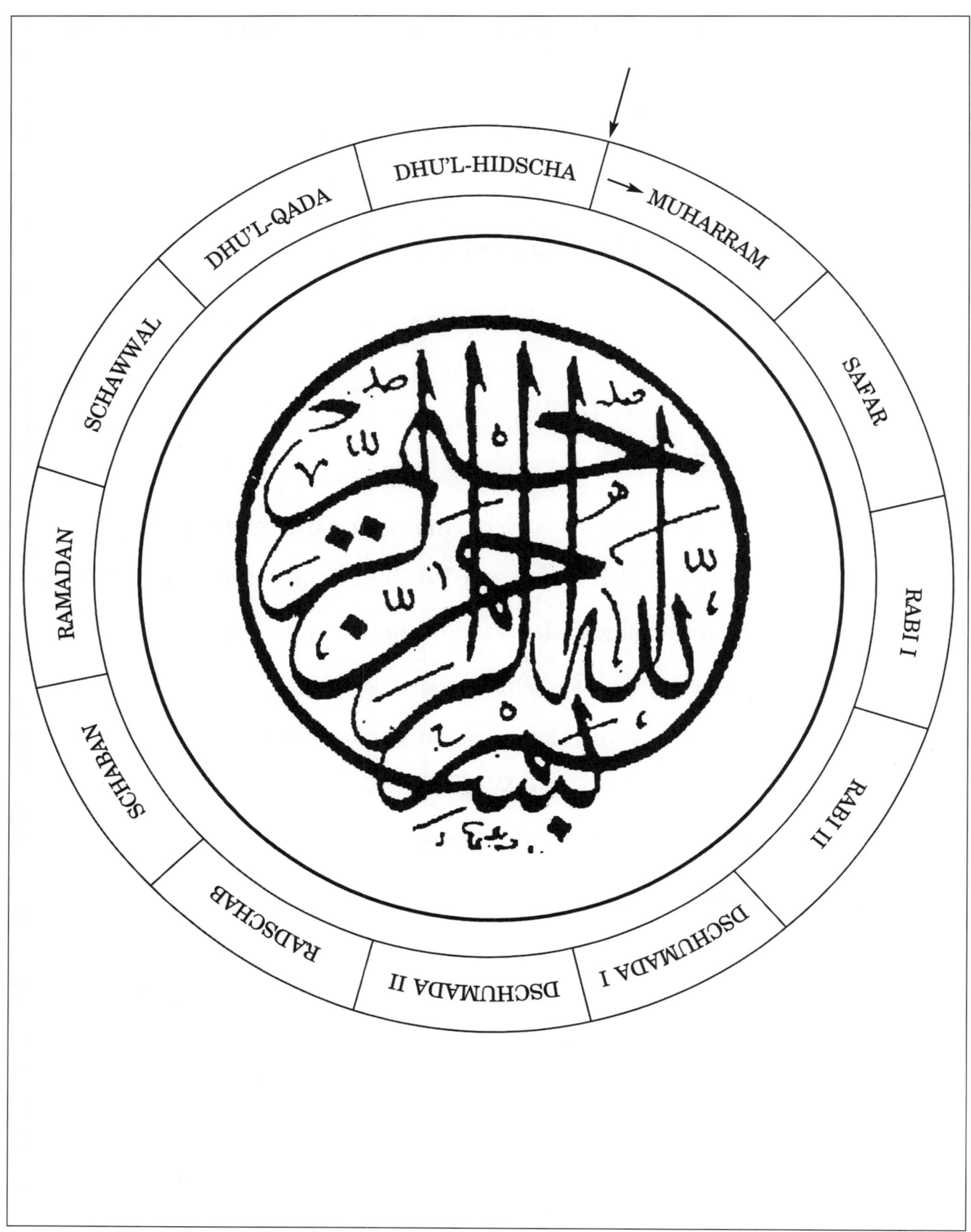

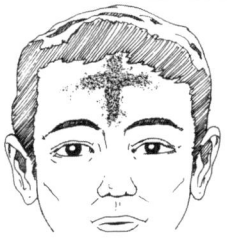

Passionszeit
(Beginn: Aschermittwoch)

In katholischen Kirchen wird an Aschermittwoch ein symbolisches Aschekreuz auf die Stirn der Gläubigen gezeichnet. Man wird sich durch Buße seiner Sünden bewusst und bereitet sich auf Ostern vor. Die Art des Fastens wird individuell bestimmt.

Weihnachten

Erinnerung an die Geburt Jesu.
(Menschwerdung Gottes in Gestalt eines Kindes)

Pfingsten

Dieses Fest wird 50 Tage nach Ostern gefeiert. Die Jünger begannen unter dem Einfluss des Heiligen Geistes Jesu Botschaft zu verkündigen.

Karfreitag

Dieser Tag erinnert an die Kreuzigung und den Tod Jesu.

Ostern

Das Fest der Auferstehung Jesu ist das wichtigste Fest der christlichen Kirchen. Das Lamm symbolisiert den Sieg Gottes über Tod und Leid. (1. Sonntag nach Frühjahrsvollmond)

Neujahrsfest
(arabisch: Muharram)

Mit dem ersten Tag des ersten Monats des islamischen Kalenders, also dem ersten Muharram, beginnt das neue Jahr. Der Tag erinnert an die »Auswanderung« Mohammeds im Jahre 622 von Mekka nach Medina. Dies ist ein Tag der Geschenke, ein Tag des Almosengebens.

Ramadan
(deutsch: Fastenmonat, türkisch: Ramazan)

Im Ramadan wurde Mohammed die Offenbarung, der Koran, zuteil. Für die Gläubigen ist dies eine Zeit der Buße, der Vergebung und der Solidarität untereinander und der Stärkung des moralischen Lebens. Von der Morgendämmerung bis zum Sonnenuntergang sind Essen, Trinken, Rauchen und geschlechtliche Betätigung untersagt.

Opferfest
(türkisch: Kurban Bayrami,
arabisch: Id-al-Adha)

Dieses höchste islamische Fest findet am 10. Tag des Pilgermonats Dhu'l Hidscha statt und dauert gewöhnlich vier Tage. Es soll den Menschen daran erinnern, dass er auf die Barmherzigkeit Gottes angewiesen ist. Für die meisten Muslime wird das Fest in Erinnerung an die von Abraham erwartete Opferung seines Sohnes Ismael begangen. Die Familien schlachten ein Opfertier, wobei ein Drittel des Fleisches Bedürftige erhalten, ein weiteres Drittel die Verwandtschaft; das gemeinsame Festmahl ist der eigentliche Höhepunkt. Heute werden oft anstelle der Schlachtung andere Geschenke verteilt.

Nacht der Bestimmung
(türkisch: Kadir Gecesi; arabisch: Lailat al-Qadr)

Die Nacht (meist 27. Ramadan) erinnert an die Offenbarung der ersten fünf Verse der Koransure 97: In feierlichen Worten preist diese Sure die Herabkunft des göttlichen Wortes (von der Bedeutung her dem christlichen Weihnachtsfest vergleichbar).

Zuckerfest / Fest des Fastenbrechens
(türkisch: Seker Bayrami; arabisch: Id al-Fitr)

Mit diesem dreitägigen Fest schließt der Fastenmonat Ramadan. Dank wird an Gott gerichtet, der die Einhaltung der Fastentage wieder ermöglicht und die Sünden der Gläubigen vergeben hat. Die Freude wird durch Glückwünsche und Besuche ausgedrückt. Da dabei oft Süßigkeiten verschenkt werden, erhielt das Fest auch den Namen »Zuckerfest«.

Der muslimische Kalender

Das Jahr 0 der muslimischen Zeitrechnung wird auf den 16. Juli 622 festgesetzt. Nach dem früheren arabischen Kalender war dies der erste Tag des Jahres, in dem Mohammed und seine Gefährten zur Hedschra aufbrachen, um in Medina das erste Zentrum des neuen Glaubens zu gründen. Weil das muslimische Jahr (M) ein Mondjahr und somit kürzer als das christliche Sonnenjahr (C) ist, stimmen die Jahreszahlen nicht überein.

Formel zur Umrechnung:

$$1. \quad M = \frac{C - 622}{32} + C - 622$$

$$2. \quad C = M + 622 - \frac{M}{33}$$

Ein Beispiel:
Das Jahr 2004 n. Chr. entspricht ungefähr dem Jahr 1425 nach der Hedschra.

Geburtstag des Propheten
(türkisch: Mevlid Kandii;
arabisch: Maulid an-Nabi)

Die Muslime feiern in dieser Nacht am 15. Rabi I die Geburt Mohammeds im Jahr 570 unserer Zeitrechnung. Während dieser Nacht finden in den Moscheen Lesungen zu Ehren des Propheten statt. Manche gläubige Muslime lehnen es ab, diesen Tag besonders hervorzuheben, da alle Propheten (z. B. auch Abraham und Jesus) gleich zu achten sind.

Islamische und christliche Feste
im Verlauf des Jahres

1. Das Opferfest im Islam ist mit dem Namen dieser biblischen Gestalt verbunden: __ __ __ __ __ __ __
   (15)

2. An diesem Fest bekommen muslimische Kinder Süßigkeiten: __ __ __ __ __ __ __ __ __
   (19)   (9)

3. In dieser Zeit fasten Menschen im Islam: __ __ __ __ __ __ __
   (8)   (25)

4. An diesem Fest denken die Menschen an die »Auswanderung« Mohammeds nach Medina:
   __ __ __ __ __ __ __ __ __ __ __
   (11)   (1)   (21)(17)

5. Das islamische Jahr ist um 11 Tage kürzer als das christliche Jahr, weil es ein __ __ __ __ __ __ __ __
   ist.   (18)   (20)

6. Dieses Fest findet im Pilgermonat statt: __ __ __ __ __ __ __ __ __
   (16)   (5)   (4)

7. Von der Bedeutung her ist die »Nacht der Bestimmung« diesem christlichen Fest vergleichbar:
   __ __ __ __ __ __ __ __ __ __ __ __ __
   (24)   (22)(23)   (12)

8. Das Jahr der »Auswanderung« Mohammeds nach Medina ist für Muslime der Beginn einer neuen
   __ __ __ __ __ __ __ __ __ __ __ __ __.
       (10)   (7)   (6)

9. Kinder freuen sich auf Geburtstag, Weihnachten oder das Opferfest auch wegen der
   __ __ __ __ __ __ __ __ __.
   (2) (3) (13) (14)

Silben:
A – bra – cker – dan – fest – fest – fest – fest – ge – ham – jahrs – ke – ma – mond – neu – nachts – nung – o – pfer – ra – rech – schen –weih – zeit – zu

Lösungssatz:
__ __ __ __ __ SIND WICHTIG FÜR DIE __ __ __ __ __ __ __ __ __ __ __ __
1   2   3   4   5   6   7   8   9 10 11 12 13 14 15 16 17

VON __ __ __ __ __ __ __ __.
     18 19 20 21 22 23 24 25

Schreibe eine kurze Erklärung zu diesem Lösungssatz auf:

_____

_____

Islamische und christliche Feste
im Verlauf des Jahres

1. Das Opferfest im Islam ist mit dem Namen dieser biblischen Gestalt verbunden: **A b r a h a m**
(15)

2. An diesem Fest bekommen muslimische Kinder Süßigkeiten: **Z u c k e r f e s t**
(19)   (9)

3. In dieser Zeit fasten Menschen im Islam: **R a m a d a n**
(8)   (25)

4. An diesem Fest denken die Menschen an die »Auswanderung« Mohammeds nach Medina:
N e u j a h r s f e s t
(11)   (1)   (21)(17)

5. Das islamische Jahr ist um 11 Tage kürzer als das christliche Jahr, weil es ein **M o n d j a h r**
ist.   (18)   (20)

6. Dieses Fest findet im Pilgermonat statt: **O p f e r f e s t**
(16)   (5)   (4)

7. Von der Bedeutung her ist die »Nacht der Bestimmung« diesem christlichen Fest vergleichbar:
W e i h n a c h t s f e s t
(24)   (22)(23)   (12)

8. Das Jahr der »Auswanderung« Mohammeds nach Medina ist für Muslime der Beginn einer neuen
Z e i t r e c h n u n g.
(10)   (7)   (6)

9. Kinder freuen sich auf Geburtstag, Weihnachten oder das Opferfest auch wegen der
G e s c h e n k e.
(2) (3) (13)(14)

Lösungssatz:

F e s t e SIND WICHTIG FÜR DIE **G e m e i n s c h a f t**
1 2 3 4 5   6 7 8 9 10 11 12 13 14 15 16 17

VON **M e n s c h e n**.
18 19 20 21 22 23 24 25

Schreibe eine kurze Erklärung zu diesem Lösungssatz auf:
z.B.

– *Geteilte Freude ist doppelte Freude, geteiltes Leid halbes Leid.*
– *Sich mit anderen freuen und mit ihnen gemeinsam ein Fest zu feiern,*
  tut jedem gut.

Das Neugeborene bekommt den Namen Gottes ins Ohr geflüstert.

Geburt

Kaum hat die Hebamme ihre Arbeit beendet, schon flüstert man dem Neugeborenen den Aufruf zum Gebet ins rechte Ohr und den Beginn eines Gebetes ins linke. Das erste Wort, das das Kind also vernimmt, ist »Gott«, und es beginnt sein Leben als Muslim oder Muslima mit der doppelten Aufforderung, Gott zu preisen.

Sieben Tage später erhält das Kind in einer *Akika* genannten Zeremonie seinen Namen. Freunde und Verwandte werden eingeladen, um das Kind in die Umgebung einzuführen, in der es aufwachsen wird. Der Kopf des Babys wird kahl rasiert und sein Haar wird mit Gold, Silber oder Geld aufgewogen. Den Namen wählt man im Allgemeinen unter den Namen der Prophetenfamilie.

Kindheit

Zwei Zeremonien zeichnen die Kindheit aus. Die erste ist die *Basmala*. Wenn das Kind das schulfähige Alter erreicht hat, nach Vollendung des vierten Lebensjahres, wird ein Familienfest gefeiert, bei dem das Kind seine erste Lektion erhält. Man rezitiert die *Basmala* und die ersten Worte, die dem Propheten geoffenbart wurden:

»Im Namen Gottes, des Erbarmers, des Barmherzigen. Lies im Namen deines Herrn, der erschaffen hat, den Menschen erschaffen hat aus einem Embryo. Lies. Dein Herr ist der Edelmütigste, der durch das Schreibrohr gelehrt hat, den Menschen gelehrt hat, was er nicht wusste.« (Sure 6,1–5) Das Kind wiederholt diese Verse, und damit hat seine Schulung begonnen.

Die zweite Zeremonie ist die *Beschneidung*, die man im Allgemeinen an Jungen im Alter zwischen sieben und zwölf Jahren durchführt, obwohl es auch gestattet ist, ein Kind bereits sieben Tage nach der Geburt zu beschneiden. Obwohl die Beschneidung keine Pflicht, sondern nur ein verdienstliches Werk ist, würde kein Muslim auf sie verzichten. Auch Konvertiten werden beim Übertritt in die islamische Gemeinschaft beschnitten.

Heirat

»Die Heirat«, so erklärt ein weit verbreitetes islamisches Etikettebuch, »ist der größte Segen Gottes für diese Welt und die nächste. Der Mensch wird vor Sünden bewahrt, sein Geist wird ruhig und sein Herz schwankt nicht mehr.« Und der Prophet sagt: »Wenn der Diener Gottes heiratet, so vervollkommnet er seine Religion zur Hälfte.«
Man legt großes Gewicht auf gegenseitige Liebe und Achtung und die Fürsorge für die Kinder. Vorzugsweise soll ein Mann seiner Frau das ganze Leben hindurch treu bleiben. Beim Eingehen der Ehe wird ein Brautgeld festgelegt, das in zwei Raten bezahlt werden muss. Eine kleine Summe ist vor der Heirat fällig, so dass sich die Braut für das Fest ausstatten kann. Die viel größere Summe muss dann bezahlt werden, wenn der Vertrag gebrochen wird.
Die Hochzeitszeremonie kann in einer Moschee, im Haus des Bräutigams oder der Braut stattfinden. Im Allgemeinen ist der Imam der örtlichen Moschee eingeladen. Doch wesentlich für die Eheschließung sind zwei erwachsene Muslime, die das gegenseitige Eheversprechen des Bräutigams und der Braut bezeugen. Das Versprechen hat folgenden Wortlaut:
»Ich, Mohammed, nehme dich, Aischa, Tochter des Abd Allah, vor Gott und vor dieser Gesellschaft in Übereinstimmung mit den Lehren des Korans zu meiner rechtmäßig angetrauten Frau. Ich verspreche, alles zu tun, dass diese Ehe ein Akt des Gehorsams vor Gott und eine Beziehung der Liebe, der Barmherzigkeit, des Friedens, der Treue und der Zusammenarbeit wird. Gott sei mein Zeuge, da Gott der beste aller Zeugen ist. Amen.«

Tod und Begräbnis

War »Gott« das erste Wort, das ein Muslim hörte, so soll es auch das letzte sein, das er ausspricht. Nach dem Tod wird der Körper gewaschen, in ein Leinentuch eingehüllt und zur Moschee gebracht, wo die Trauerfeier stattfindet. Dann trägt man die Totenbahre schnell zum Grab. Muslime glauben nämlich, es sei gut, wenn der Gerechte schnell in die Glückseligkeit eingehe.

Der oder die Verstorbene wird dann mit dem Gesicht gegen Mekka begraben. Während die Bahre abgesenkt wird, sprechen die Trauernden: »Wir übergeben dich der Erde, im Namen Gottes und im Glauben des Propheten.« Manche Muslime werfen auch Erde ins Grab und rezitieren dabei: »Aus ihr haben Wir euch erschaffen, und in sie lassen Wir euch zurückkehren, und aus ihr bringen Wir euch ein anderes Mal hervor«. (Sure 20, 55)

Nach islamischer Lehre werden alle, die sich Allah unterwerfen, im Leben nach dem Tod mit ihm zusammentreffen.

	Islamische Lebensfeste	Christliche Lebensfeste
Geburt		
Kindheit		
Heirat		
Tod		

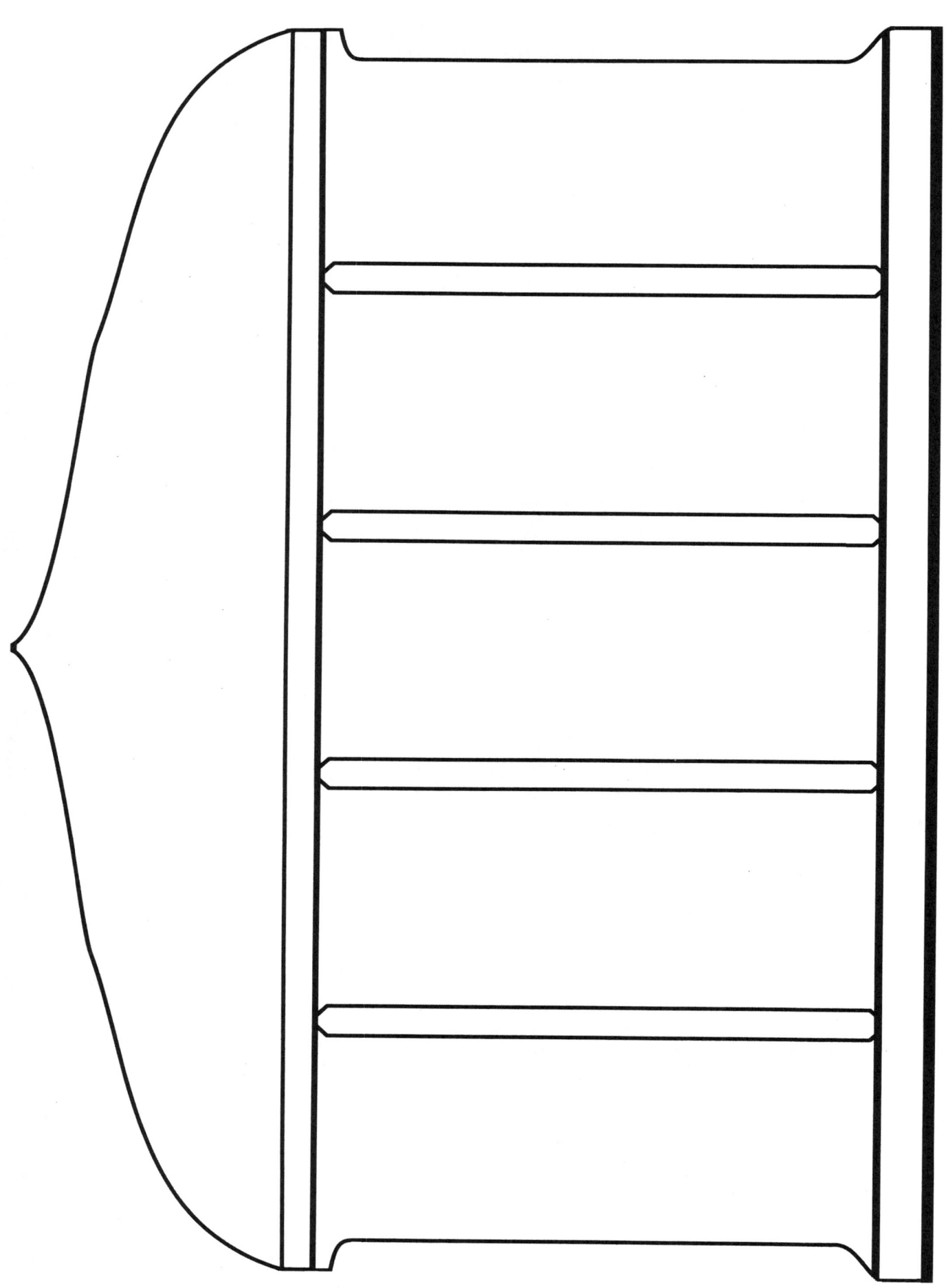

Islam

Kultur

Politik

Gesellschaft

Zur Pflicht, Almosen zu geben, gehört es, seinen Besitz mit Armen, Schuldnern, Bedürftigen, Gefangenen und Reisenden zu teilen. Im Koran ist mehr der innere Wert des Gebens als die Größe der Gabe von Bedeutung. Jeder Muslim, dessen Einkommen ein festgesetztes Maß übersteigt, hat jährlich davon 2,5 bis 10 Prozent davon für bedürftige Mitbürger zur Verfügung zu stellen. In einigen islamischen Ländern wird die Pflichtabgabe vom Staat erhoben, ansonsten muss der Einzelne diese Verpflichtung selbst erfüllen. »O ihr, die ihr glaubt, vereitelt nicht eure Almosen, indem ihr auf euer Verdienst pocht …, gleich dem, der sein Vermögen spendet, um von den Menschen gesehen zu werden.« (Sure 2,264)

Während des Fastenmonats Ramadan dürfen der Muslim und die Muslima nichts essen oder trinken, solange es hell ist. Dies ist die sichtbarste Gemeinsamkeit aller Muslime. Mit dem Fasten wandelt sich das Leben: Der Lebensrhythmus verlangsamt sich, man findet mehr Zeit zum Nachdenken, kümmert sich mehr um die Beziehung zu den Mitmenschen und versöhnt sich nach Möglichkeit mit ihnen. Man geht auch häufiger in die Moschee. Die grundsätzliche Absicht beim Fasten ist die Danksagung. Während des Ramadan beschränken Muslime sich selbst und geben das Eingesparte als Almosen an die Armen.

Die fünf Säulen des Islam

Glaubensbekenntnis	Gebet	**Shahada**
Salat	**Zakat**	**Saum**
Hadsch	Pflichtabgabe	Fasten
Pilgerfahrten		

Mehr als eine Million Menschen pilgern jedes Jahr nach Mekka. Beim Besuch der Stadt wird das wichtigste islamische Heiligtum, die Kaaba, sieben Mal umschritten. Die Pilgerfahrt zeigt die weltweite Zusammengehörigkeit der Muslime. Von überallher pilgern Gläubige nach Mekka, Arme und Reiche, Männer und Frauen. Dort leben sie zusammen in der Wüste, verrichten gemeinsam ihre religiösen Pflichten und tragen die gleiche weiße Kleidung. Dabei sollen ihre Gedanken sich mit Gott beschäftigen.

Die islamischen Lebensregeln gründen sich auf das Glaubensbekenntnis: »la ilaha illah-illah; muhammad rasulu-illah«: »Es gibt keine Gottheit außer Allah; und Mohammed ist sein Gesandter.«
Das sind die ersten Worte, die einem Kind nach der Geburt ins Ohr geflüstert werden, und die letzten, die ein Muslim oder eine Muslima im Sterben haucht. Alle anderen Lehren sind diesem Bekenntnis untergeordnet. Wer dieses Bekenntnis vor Zeugen ausspricht, ist damit zum Islam übergetreten. Der Muezzin (Gebetsausrufer) verkündet es, wenn er die Gläubigen zum Gebet ruft. Jeder gläubige Muslim betet es täglich viele Male. Man betet es bei der Beerdigung, damit dem Toten das Leben im Paradies geschenkt werde.

Familie

Es gibt fünf Gebetszeiten, denen rituelle Waschungen vorausgehen: morgens, mittags, nachmittags, abends und nachts. Vor dem Gebet werden Kleidung und Körper gereinigt. Auch zum Gebet selbst wird ein reiner Platz benötigt. Deshalb legt man Matten oder Teppiche aus, wo man sich gerade befindet. Am Freitag beten die Männer gemeinsam in der Moschee. Dort zeigt eine Nische in der Wand die vorgeschriebene Gebetsrichtung nach Mekka an. Beim Gebet ist jede Haltung des Körpers und der Hände, ist jedes Wort festgelegt. Die Gläubigen stellen sich in Reihen auf, an der Spitze der Vorbeter. Das Gebet wird vom Beugen des Oberkörpers, von Knien und Niederwerfen begleitet.

Die fünf Säulen des Islam

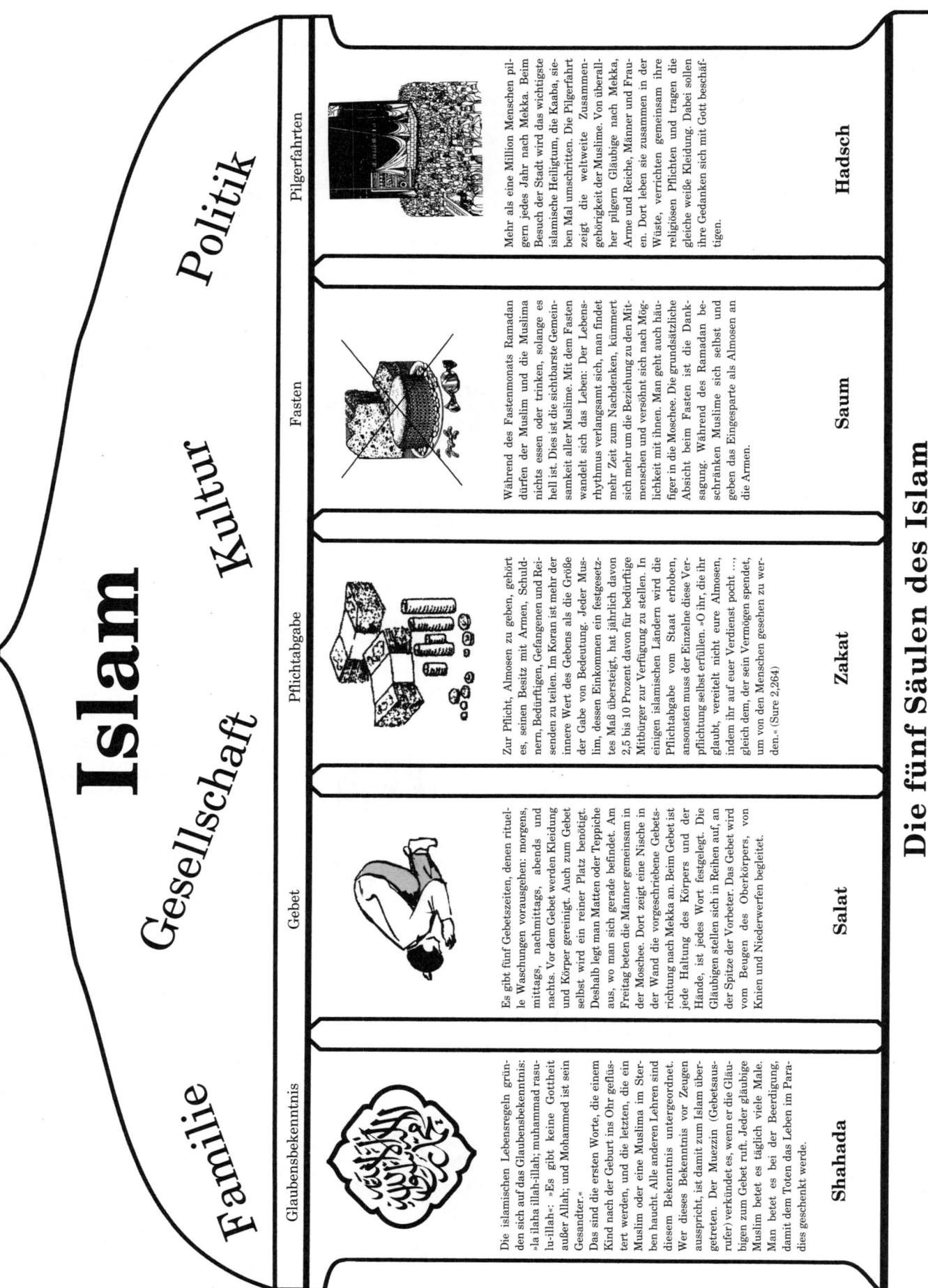

Islam

Familie — Gesellschaft — Kultur — Politik

Glaubensbekenntnis — Shahada

Die islamischen Lebensregeln gründen sich auf das Glaubensbekenntnis: »la ilaha illah-illah; muhammad rasulu-illah: »Es gibt keine Gottheit außer Allah; und Mohammed ist sein Gesandter.«

Das sind die ersten Worte, die einem Kind nach der Geburt ins Ohr geflüstert werden, und die letzten, die ein Muslim oder eine Muslima im Sterben haucht. Alle anderen Lehren sind diesem Bekenntnis untergeordnet. Wer dieses Bekenntnis vor Zeugen ausspricht, ist damit zum Islam übergetreten. Der Muezzin (Gebetsausrufer) verkündet es, wenn er die Gläubigen zum Gebet ruft. Jeder gläubige Muslim betet es täglich viele Male. Man betet es bei der Beerdigung, damit dem Toten das Leben im Paradies geschenkt werde.

Gebet — Salat

Es gibt fünf Gebetszeiten, denen rituelle Waschungen vorausgehen: morgens, mittags, nachmittags, abends und nachts. Vor dem Gebet werden Kleidung und Körper gereinigt. Auch zum Gebet selbst wird ein reiner Platz benötigt. Deshalb legt man Matten oder Teppiche aus, wo man sich gerade befindet. Am Freitag beten die Männer gemeinsam in der Moschee. Dort zeigt eine Nische in der Wand die vorgeschriebene Gebetsrichtung nach Mekka an. Beim Gebet ist jede Haltung des Körpers und der Hände, ist jedes Wort festgelegt. Die Gläubigen stellen sich in Reihen auf, an der Spitze der Vorbeter. Das Gebet wird vom Beugen des Oberkörpers, von Knien und Niederwerfen begleitet.

Pflichtabgabe — Zakat

Zur Pflicht, Almosen zu geben, gehört es, seinen Besitz mit Armen, Schuldnern, Bedürftigen, Gefangenen und Reisenden zu teilen. Im Koran ist mehr der innere Wert des Gebens als die Größe der Gabe von Bedeutung. Jeder Muslim, dessen Einkommen ein festgesetztes Maß übersteigt, hat jährlich davon 2,5 bis 10 Prozent für bedürftige Mitbürger zur Verfügung zu stellen. In einigen islamischen Ländern wird die Pflichtabgabe vom Staat erhoben, ansonsten muss der Einzelne diese Verpflichtung selbst erfüllen. »O ihr, die ihr glaubt, vereitelt nicht eure Almosen, indem ihr auf euer Verdienst pocht ..., gleich dem, der sein Vermögen spendet, um von den Menschen gesehen zu werden.« (Sure 2,264)

Fasten — Saum

Während des Fastenmonats Ramadan dürfen der Muslim und die Muslima nichts essen oder trinken, solange es hell ist. Dies ist die sichtbarste Gemeinsamkeit aller Muslime. Mit dem Fasten wandelt sich das Leben: Der Lebensrhythmus verlangsamt sich, man findet mehr Zeit zum Nachdenken, kümmert sich mehr um die Beziehung zu den Mitmenschen und versöhnt sich nach Möglichkeit mit ihnen. Man geht auch häufiger in die Moschee. Die grundsätzliche Absicht beim Fasten ist die Danksagung. Während des Ramadan beschränken Muslime sich selbst und geben das Eingesparte als Almosen an die Armen.

Pilgerfahrten — Hadsch

Mehr als eine Million Menschen pilgern jedes Jahr nach Mekka. Beim Besuch der Stadt wird das wichtigste islamische Heiligtum, die Kaaba, sieben Mal umschritten. Die Pilgerfahrt zeigt die weltweite Zusammengehörigkeit der Muslime. Von überallher pilgern Gläubige nach Mekka, Arme und Reiche, Männer und Frauen. Dort leben sie zusammen in der Wüste, verrichten gemeinsam ihre religiösen Pflichten und tragen die gleiche weiße Kleidung. Dabei sollen ihre Gedanken sich mit Gott beschäftigen.

Die fünf Säulen des Islam

Die fünf Säulen

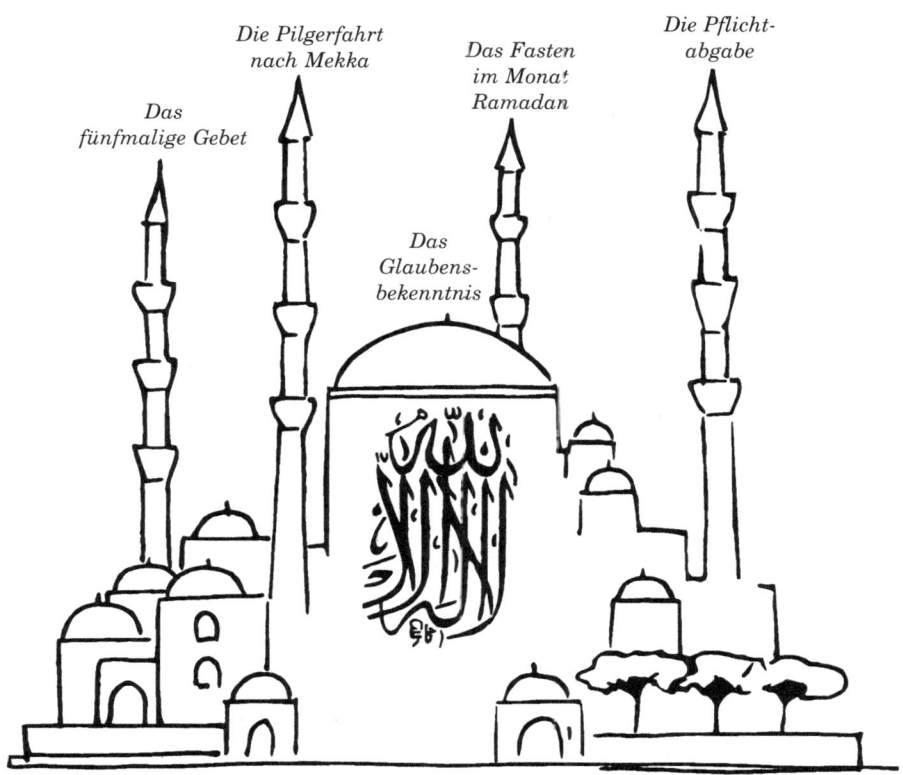

Die Pilgerfahrt nach Mekka

Das Fasten im Monat Ramadan

Die Pflicht-abgabe

Das fünfmalige Gebet

Das Glaubens-bekenntnis

1. Das Glaubensbekenntnis

Die Muslime haben ihren Glauben in einem einzigen Satz zusammengefasst: »Ich bezeuge, dass es keinen Gott gibt außer _____ und dass _____ der Gesandte Gottes ist.«

2. Das fünfmalige tägliche Gebet

Jeder Muslim soll _____ täglich beten. Vor dem Gebet soll er sich _____ . Die Haltung des Körpers und der Hände ist genau festgelegt, ebenso der Wortlaut des Gebets. Am _____ kommen die Muslime zum Gebet in der Moschee zusammen.

3. Die Pflichtabgabe

Der Koran sagt, dass die Wohlhabenden einmal im Monat von ihrem Besitz etwas für die _____ abgeben sollen. Daraus hat sich die _____ entwickelt.

4. Das Fasten im Monat Ramadan

Im Fastenmonat _____ fasten die Gläubigen. Vom Morgengrauen bis zum Sonnenuntergang dürfen sie nichts _____ oder trinken. Kinder, alte und _____ Menschen müssen nicht fasten. Am Ende des Ramadan feiert man das Fest des Fastenbrechens.

5. Die Pilgerfahrt nach Mekka

Einmal im Leben soll jeder Muslim nach _____ pilgern, wo sich die _____ befindet, das wichtigste Heiligtum des Islam. Alle Pilger tragen ein _____ Gewand zum Zeichen der Gemeinschaft aller Muslime.

Lückenwörter: *Armen – essen – Kaaba – Pflichtabgabe – Mohammed – waschen – fünf Mal – Mekka – Allah – weißes – Ramadan – kranke – Freitag*

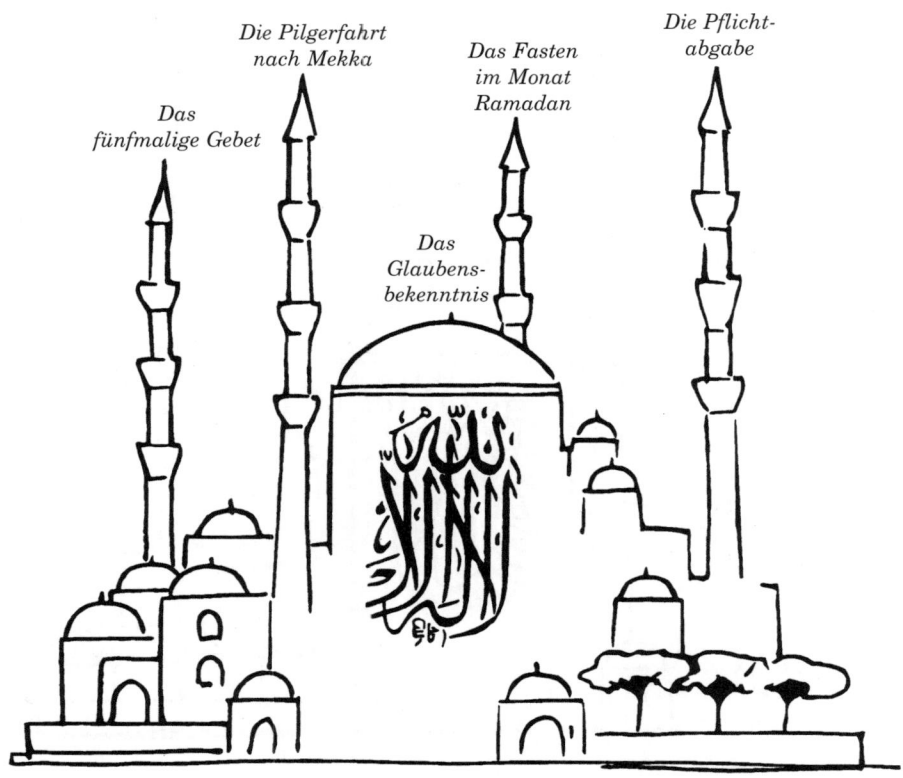

Die Pilgerfahrt nach Mekka

Das Fasten im Monat Ramadan

Die Pflicht-abgabe

Das fünfmalige Gebet

Das Glaubens-bekenntnis

1. Das Glaubensbekenntnis
Die Muslime haben ihren Glauben in einem einzigen Satz zusammengefasst: »Ich bezeuge, dass es keinen Gott gibt außer **Allah** und dass **Mohammed** der Gesandte Gottes ist.«

2. Das fünfmalige tägliche Gebet
Jeder Muslim soll **fünf Mal** täglich beten. Vor dem Gebet soll er sich **waschen**. Die Haltung des Körpers und der Hände ist genau festgelegt, ebenso der Wortlaut des Gebets. Am **Freitag** kommen die Muslime zum Gebet in der Moschee zusammen.

3. Die Pflichtabgabe
Der Koran sagt, dass die Wohlhabenden einmal im Monat von ihrem Besitz etwas für die **Armen** abgeben sollen. Daraus hat sich die **Pflichtabgabe** entwickelt.

4. Das Fasten im Monat Ramadan
Im Fastenmonat **Ramadan** fasten die Gläubigen. Vom Morgengrauen bis zum Sonnenuntergang dürfen sie nichts **essen** oder trinken. Kinder, alte und **kranke** Menschen müssen nicht fasten. Am Ende des Ramadan feiert man das Fest des Fastenbrechens.

5. Die Pilgerfahrt nach Mekka
Einmal im Leben soll jeder Muslim nach **Mekka** pilgern, wo sich die **Kaaba** befindet, das wichtigste Heiligtum des Islam. Alle Pilger tragen ein **weißes** Gewand zum Zeichen der Gemeinschaft aller Muslime.

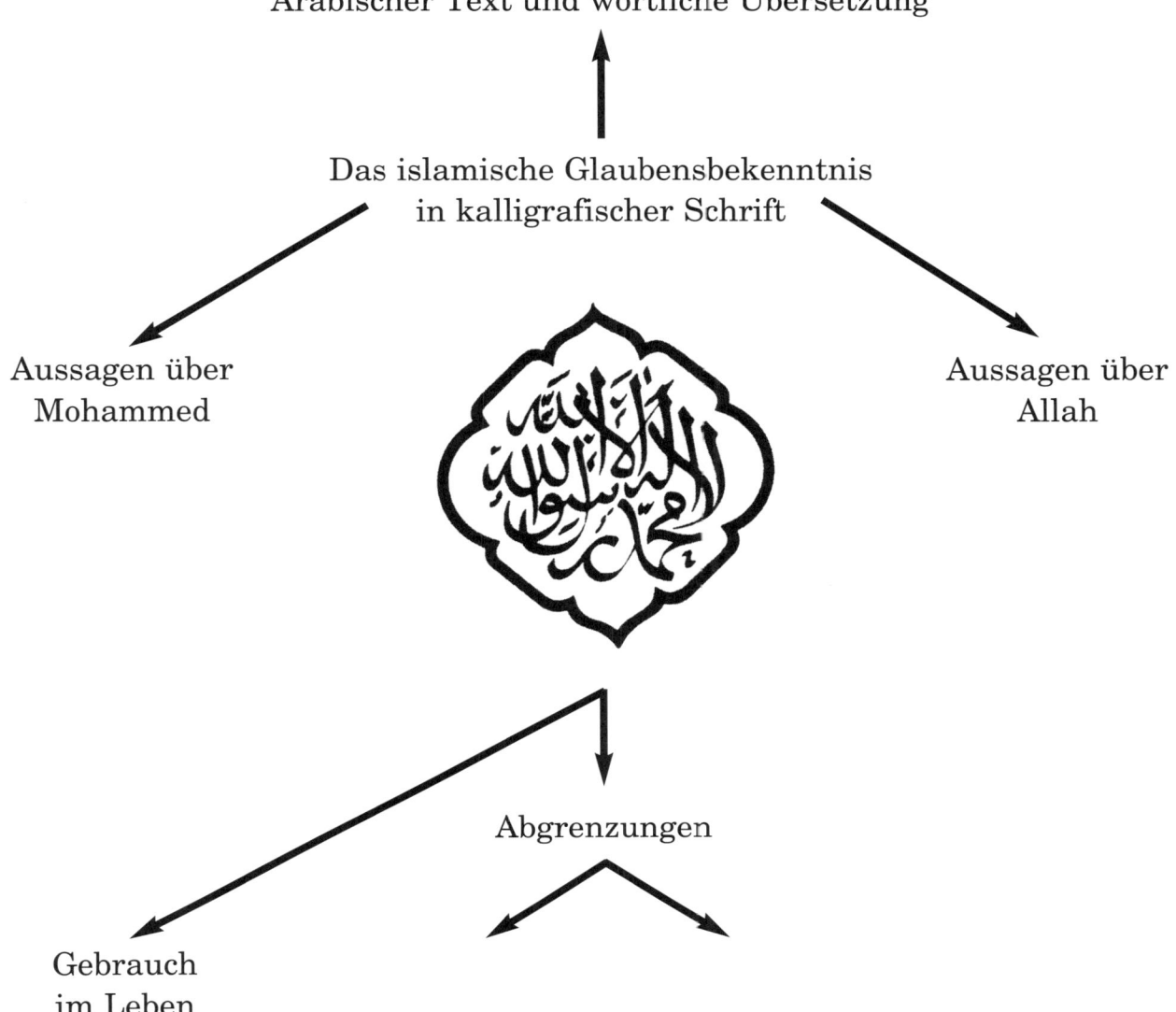

Arabischer Text und wörtliche Übersetzung

Das islamische Glaubensbekenntnis
in kalligrafischer Schrift

Aussagen über
Mohammed

Aussagen über
Allah

Abgrenzungen

Gebrauch
im Leben

**Welche der 99 Namen Gottes gefallen dir gut?
Mit welchen hast du Probleme?**

_____

_____

_____

_____

Schahada – Das islamische Glaubensbekenntnis

Der Islam hat ein Glaubensbekenntnis (Schahada), in dem die Muslime mit wenigen Worten das Wesen des Islam aussprechen:

**Es gibt keine Gottheit außer
dem einzigen Gott (Allah).
Mohammed ist der Gesandte Gottes.**

Dieses Bekenntnis enthält zwei Aussagen: Im *ersten* Satz geht es um das *Anerkennen der göttlichen Einheit.* Neben Gott gibt es keine anderen Götter. Gott in seiner Einzigkeit anzuerkennen ist wichtigste Pflicht des Menschen. Gott lebt als Einziger jenseits der Welt. Gott ist ein Einziger. Es gibt nichts und niemanden, der mit ihm vergleichbar wäre. *Dieser Teil des Glaubensbekenntnisses kann von allen Monotheisten gesprochen werden.*

Der kompromisslose islamische Monotheismus wendet sich gegen zwei religiöse Auffassungen.
1. Er ist Protest gegen den arabischen Polytheismus (Glaube, dass es viele Götter gibt) und
2. auch gegen alle anderen Formen der Vielgötterei überall in der Welt.

Er versteht sich auch als heftige Kritik an der christlichen Trinitätslehre (Sure 4, 171), also der Lehre vom dreieinigen Gott als Vater, Sohn und heiliger Geist.
Um Missverständnisse zu vermeiden, nennt der Islam Gott nicht »Vater«. Diese in der jüdischen und christlichen Tradition so beliebte Bezeichnung beschwört für die Muslime die Gefahr herauf, dem Vater auch eine Mutter und ein Kind zuzuordnen.

Der *zweite* Satz des Bekenntnisses ist *allein für den Islam* maßgeblich. Er bezieht sich auf Mohammed, den *Propheten Gottes.* Dieser empfing durch den Engel Gabriel die endgültige Offenbarung Gottes, den Koran. Mohammed selbst ist für die Muslime ganz und gar Mensch. Seine Auszeichnung besteht darin, dass er von Gott berufen wurde. Weil er selbst nichts Göttliches an sich hat, benennen sich seine Anhänger auch nicht nach ihm.

Neugeborenen und Sterbenden wird die Schahada ins Ohr geflüstert. Man spricht sie bei der Beerdigung, damit der Tote ins Paradies kommt. Überall in der Welt, wo es Muslime gibt, wird dieses Bekenntnis gesprochen.
Ein Konvertit, der den Islam annehmen will, spricht die Schahada vor Zeugen aus, worüber diese eine Urkunde anfertigen und unterschreiben. Damit ist der Übertritt zum Islam rechtskräftig. Ein Muslim, der das Bekenntnis nicht mehr akzeptiert, wird aus der Gemeinschaft des Islam ausgestoßen. Auf den öffentlichen Glaubensabfall steht die Todesstrafe. Sie wird zwar in vielen islamischen Ländern nicht mehr angewandt, kommt aber auch heute noch vor.

Trotz der Einzigkeit Gottes schreibt der Islam Gott viele Eigenschaften zu, die Gott nach islamischer Lehre im Koran selbst offenbart hat. Gott ist vor allem der *Schöpfer* der Welt und der Menschen. Durch sein Wort hat Gott alle Dinge ins Dasein gerufen. Weil das Universum Gottes Geschöpf ist, kann der Mensch im Universum auch Zeichen Gottes erkennen. Die Ordnung der Welt und die Harmonie der Schöpfung sind makellos. Von der Schönheit der Schöpfung her kann der Mensch mit seiner Vernunft auf den Schöpfer schließen.

Unter den vielen Eigenschaften Gottes ragt außerdem noch seine *Barmherzigkeit* hervor.

Die 99 Namen Gottes

Gott, der Barmherzige, der Erbarmer, der König, der Heilige, der Friede, der Gläubige,
der Wachsame, der Mächtige, der Gestrenge, der Hochmütige, der Schöpfer,
der Erschaffer, der Ordner, der Nachsichtige, der Herrscher,
der immer während Geber, der Verteiler aller Güter, der Siegreiche, der Wissende,
der Einengende, der Ausweitende, der Demütigende, der Erhebende,
der Ehrverleiher, der Erniedrigende, der Hörende, der Sehende, der Richtende,
der Gerechte, der Gnädige, der Erfahrene, der Sanftmütige, der Unzugängliche,
der Verzeihende, der Großzügige, der Hocherhabene, der Große,
der Aufmerksame, der Ernährer, der Rechner, der Majestätische,
der Edelmütige, der Überwacher, der Erhörer, der Allgegenwärtige,
der Weise, der Liebende, der Glorreiche, der Erwecker, der Augenzeuge,
der Wahre, der Treuhänder, der Starke, der Unerschütterliche,
der Beschützer, der Lobenswerte, der Zählende, der Erneuerer,
der Neuschöpfer, der Lebensspender, der Todbringende,
der Lebendige, der In-sich-Seiende, der Vollkommene,
der Vornehme, der Eine, der Souveräne, der Kraftvolle,
der Allmächtige, der näher Bringende, der Entferner,
der Erste (Alpha), der Letzte (Omega), der Offenbare,
der Verborgene, der Regierende, der Erhabene,
der Rechtschaffene, der Bereuer, der Rächer, der Tilger,
der Erbarmungsvolle, der König des Reiches,
der Herr der Majestät und des Edelmutes,
der recht Handelnde, der Versammler, der Reiche,
der Bereicherer, der Verhinderer, der Schädliche,
der Nützliche, das Licht, der Rechtleiter,
der Einzigartige, der Ewige, der Bleibende,
der Führer und der Geduldige.

La ilaha illa-Ilah – Muhammad rasulu Ilah.

Es gibt keine Gottheit außer dem einzigen Gott (Allah).
Mohammed ist der Gesandte Gottes.

Das islamische Glaubensbekenntnis
in kalligrafischer Schrift

Aussagen über Mohammed

Er ist Prophet Gottes, also ganz und gar Mensch. Er empfing durch den Engel Gabriel die endgültige Offenbarung Gottes.

Aussagen über Allah

Gott ist ein Einziger. Es gibt nichts und niemanden, der mit ihm vergleichbar wäre. Gott ist Schöpfer der Welt und der Menschen. Er ist barmherzig.

Abgrenzungen

Gebrauch im Leben

Neugeborenen und Sterbenden wird das Bekenntnis ins Ohr geflüstert. Mit diesem Bekenntnis wird man Muslim. Ohne dieses Bekenntnis wird man aus der Gemeinschaft der Muslime ausgestoßen.

Protest gegen den arabischen Polytheismus und Vielgötterei überall in der Welt

Kritik an der christlichen Trinitätslehre

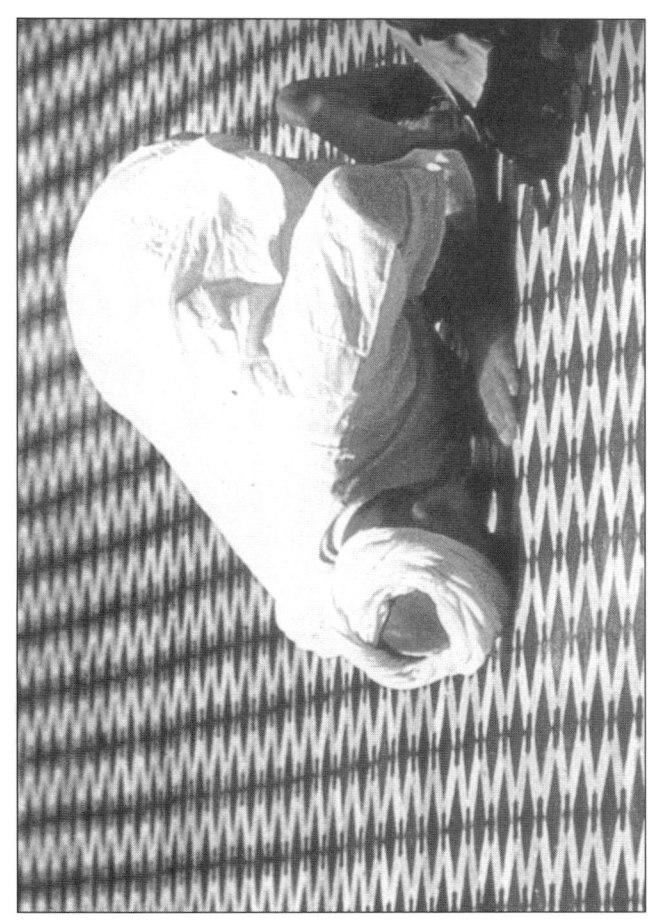

Das Gebet

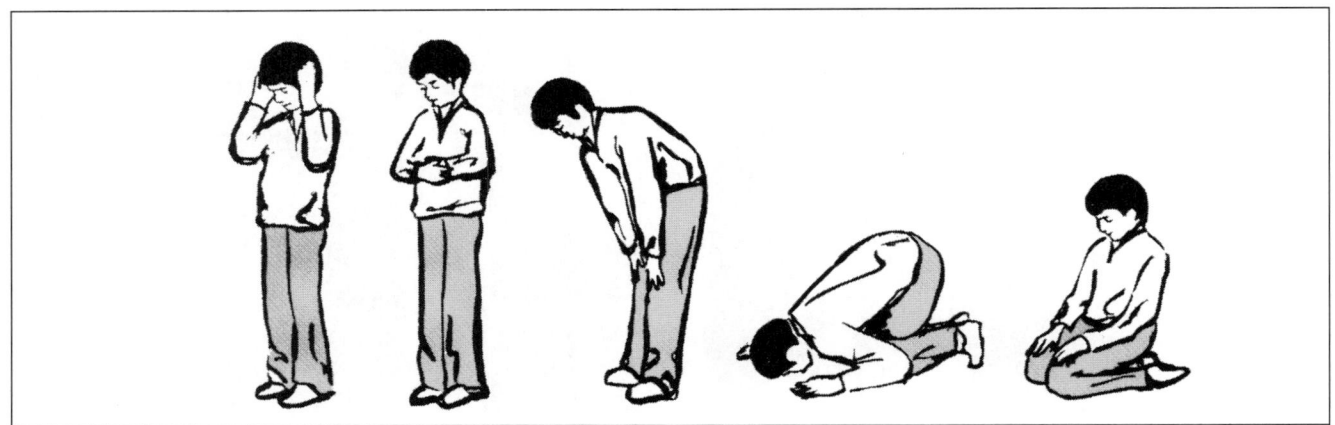

Das Gebet (arabisch: *Salat*)

Eine besondere Form des Glaubensbekenntnisses und des Gottesdienstes bildet der *Salat*, das liturgische Pflichtgebet zu bestimmten Tageszeiten. Es gilt als die zweite Säule das Islam und ist ein Gemeinschaftsgebet.

Vor der Verrichtung des *Salat* muss sich der Gläubige im Zustand der Reinheit befinden. Er nimmt daher eine Reihe ritueller Waschungen vor. Die rituelle Reinheit ist Voraussetzung aller religiösen Handlungen. Die genau festgelegten fünf Gebetszeiten: morgens – mittags – nachmittags – abends – nachts sollen die Muslime Tag und Nacht an ihre Stellung als Anbetende Allahs erinnern. Zu diesem Gemeinschaftsgebet ruft der Gebetsrufer (*Muezzin*) vom Turm der Moschee aus die Gläubigen zusammen.

Der *Salat* ist von den Gläubigen dort auszuführen, wo sie sich gerade befinden, aber mindestens einige Gläubige müssen ihn in der Moschee verrichten. Die Gemeinsamkeit der Muslime in aller Welt wird betont durch die Ausrichtung der Betenden auf die *Kaaba* in Mekka. In der Moschee versammeln sich auf ein Zeichen des *Imam* (Vorbeter, Gebetsleiter) Männer und Frauen in getrennten Reihen oder auch Räumen, zugleich aber zum Zeichen der Verbundenheit nahe zusammen. Die Einheitlichkeit wird auch durch den Imam gewährleistet, der vor der die Richtung nach Mekka markierenden Gebetsnische (*Mihrab*) der Moschee Aufstellung nimmt. Mit Blick auf ihn beten die Gläubigen wie eine einzige Person.

Auch die Gebetshaltung ist genau festgelegt und besteht aus einer Reihe von Einzelelementen in fester Abfolge. Jedes der fünf Tagesgebete wird beendet mit einer Wiederholung der Lobpreisung »*Allahu akbar*« (Gott ist der Größte) und einer Rezitation der 1. Sure des Korans, die selber ein Gebet ist. Sodann spricht jeder Beter das »*Salamu alaikum*« (Friede sei mit dir!) zu seinem Nachbarn zur Rechten und zur Linken.

Das Bild zeigt die unterschiedlichen Gebetsstellungen beim rituellen Gebet:

1. Im Vordergrund bereiten sich zwei Männer mit den rituellen Waschungen zum Gebet vor.

2. Ganz rechts legt sich ein Beter die Hände an die Ohren und führt den persönlichen Gebetsruf aus.

3. Der Beter neben ihm verharrt in der Stellung der Verbeugung des Gläubigen vor dem »König des Gerichtstags«.

4. Neben der Säule steht ein Beter aufrecht und selbstbewusst als »Stellvertreter« Gottes auf Erden.

5. Dahinter wirft sich ein Gläubiger auf den Boden und drückt die Stellung des Islam, der Unterwerfung unter den Schöpfergott, aus.

6. Die beiden Männer, die neben dem Mihrab, der Stufenleiter für die Predigt, sitzen, haben ihr Gebet beendet und verharren in Meditation.

7. Der Vorbeter (Imam) sitzt vor der Qibla-Nische, die die Richtung nach Mekka anzeigt.

8. Der Mann, der dabei ist, die Moschee zu verlassen, erfüllt seine Pflicht, den Armen zu spenden.

9. Man erkennt, dass die Beter ihre Schuhe am Eingang zurückgelassen haben, um den sauberen Boden für das Gebet nicht zu verschmutzen. Außerdem tritt keiner der Gläubigen vor seinen Herrn barhäuptig.

Muhammad Racim, der Künstler der Miniatur, wurde 1896 in Algier in eine Familie von Künstlern hineingeboren. Was er schon in der Familie erlernte, vervollkommnete er an der Ecole des Beaux Arts in Algier. Im Laufe seiner Ausbildung konnte er in Paris über Manuskripten der Nationalbibliothek arbeiten, er erhielt ein Stipendium für Spanien, wo er die Miniaturmalerei der vergangenen Blüte des Islam studierte und von wo aus er England bereiste. Dort erleichterten ihm Freunde den Zutritt zu Museen und Kunstsammlungen. 1924 bis 1932 war er ganz von der Illustration der »Geschichten aus 1001 Nacht« in Anspruch genommen.

Die Armensteuer (Zakat)

»Der Glaube ohne Werke ist tot.« Deshalb ist jeder Muslim verpflichtet, eine regelmäßige Abgabe (zwischen 2,5 und 10 Prozent des Einkommens) für die Armen und Bedürftigen zu geben.

Aus dem Koran:

»Frömmigkeit besteht nicht darin, dass ihr euer Gesicht nach Osten und Westen wendet. Frömmigkeit besteht darin, dass man an Gott, den Jüngsten Tag, die Engel, das Buch und die Propheten glaubt, dass man, aus Liebe zu Ihm, den Verwandten, den Waisen, den Bedürftigen, dem Reisenden und den Bettlern Geld zukommen lässt und (es) für den Loskauf der Sklaven und Gefangenen (ausgibt), und dass man das Gebet verrichtet und die Abgabe entrichtet.« (Sure 2, 177)

»Und was ihr an Gutem spendet, es ist zu eurem Vorteil. Und ihr spendet nur in der Suche nach dem Antlitz Gottes. Und was ihr an Gutem spendet, wird euch voll zurückerstattet, und euch wird nicht Unrecht getan. Die Spenden sind für die Armen, die auf dem Weg Gottes Behinderung erleiden, so dass sie nicht im Land umherwandern können. Der Törichte hält sie für reich wegen ihrer Zurückhaltung. Du erkennst sie an ihrem Merkmal. Sie betteln die Menschen nicht in aufdringlicher Weise an. Und was ihr an Gutem spendet, Gott weiß es. Diejenigen, die ihr Vermögen bei Nacht und Tag, geheim oder offen, spenden, haben ihren Lohn bei ihrem Herrn, sie haben nichts zu befürchten, und sie werden nicht traurig sein.« (Sure 2, 272–274)

»Und sie fragen dich, was sie spenden sollen. Sprich: Das Entbehrliche.« (Sure 2, 219)

Aus Dankbarkeit gegenüber Gott sollen alle Muslime einen Teil ihres Einkommens den Armen geben, damit die Reichen nicht habgierig werden, denn alle Muslime sind Brüder. Diese Hilfe wird nicht als Steuer eingezogen, sondern direkt den Armen gegeben.

Jehan Sadat erzählt aus ihrer Kindheit:

Als Zehnjährige hörte sie von einer alten Frau, die in einem Baum lebte. Sie war blind und hatte niemanden, der für sie sorgte. Da brachte ihr Jehan jeden Tag auf dem Schulweg ihr Pausenbrot und verschenkte ihr Taschengeld:

»Ich erzählte niemandem von ihr, nicht einmal meiner Mutter Sie war mein Geheimnis. Ich machte mir Sorgen. weil sie ständig an ihren Augen herumrieb. Also packte ich eines Tages Augentropfen und Salbe in meine Schultasche und begann sie behutsam damit zu behandeln. Sie ließ es sich widerspruchslos gefallen. Zu Hause brach ich dann mein Schweigen und erzählte meiner Mutter von meinem Geheimnis. Sie war entsetzt und schickte augenblicklich einen Arzt zu der Alten. Es stellte sich heraus, dass sie blind war. Da mein Geheimnis nun gelüftet war, beschloss ich, auch meine Freundinnen zu der Alten mitzunehmen. Monatelang besuchten wir sie nach der Schule und brachten ihr Lebensmittel und Kleidung mit. Dann aber war der Baum eines Tages leer ›Wo ist sie?‹, erkundigte ich mich bei dem Süßwarenverkäufer an der Ecke. ›Sie ist heute Morgen gestorben‹, berichtete er. ›Die Polizei hat ihren Leichnam abgeholt.‹ Ich war untröstlich, denn ich hatte geglaubt, sie mit meiner Fürsorge am Leben erhalten zu können. Aber ich habe sie nie vergessen.«

Jehan Sadats Mutter war Engländerin und Christin – ihr Vater Ägypter und sunnitischer Muslim. Da im Islam die Kinder die Religion ihres Vaters annehmen, wurde Jehan Muslima. Später war sie mit dem damaligen ägyptischen Präsidenten Anwar el-Sadat verheiratet.

Jehan, eine Muslima aus Ägypten, erzählt:
»Der Fastenmonat Ramadan ist eines meiner religiösen Lieblingsfeste. 30 Tage lang fasten wir von Sonnenaufgang bis Sonnenuntergang und dürfen nach dem Koran während dieser Zeit nicht eine einzige Krume Brot essen, nicht einen einzigen Schluck Wasser trinken. Zigaretten und Pfeifenrauchen, Intimitäten zwischen Mann und Frau, Fluchen und Streitigkeiten sind verboten. Mohammed, der Prophet, sagt: Damit sie lernen, sich zu beherrschen und sich mit den Armen zu identifizieren. Im Fasten geschieht die Danksagung für die Gaben des täglichen Lebens, indem man sich im Verzicht ihrer erinnert.

Wir Muslime beginnen mit dem Saum, dem Fasten, am Morgen, wenn man einen weißen vor den Himmel gehaltenen Faden deutlich von einem schwarzen zu unterscheiden vermag. Der Koran erlaubt den Kindern, mit dem Fasten zu warten, bis sie in die Pubertät kommen, ja eigentlich sind nur volljährige und gesunde Muslime zum Fasten verpflichtet. Alte, Kranke, schwangere und stillende Frauen sind davon befreit, denn Fasten ist nur geboten, solange die Gesundheit der Fastenden keinen Schaden nimmt.

Die Alltagspflichten sind nicht allzu anstrengend im Ramadan. Die meisten Geschäfte und Büros machen erst spät am Vormittag auf, damit jene, die die ganze Nacht hindurch aufbleiben, am Morgen ausschlafen können. Gegen Abend jedoch, wenn sich der Zeitpunkt des Ifar nähert, der Augenblick, in dem das Fasten unterbrochen werden darf, verändert sich die Atmosphäre drastisch. Alle Muslime feiern dann mit ihrer ganzen Familie mit einem abendlichen Festmahl.«

Das abendliche Festmahl in der irakischen Familie A., die seit 1993 in Bad Godesberg lebt, geht folgendermaßen vonstatten:
Der Tisch ist für fünf Personen gedeckt. In der Mitte stehen die Speisen: Eine Schüssel mit Suppe, eine Schale Salat. In einer Auflaufform liegen Kartoffeln und Auberginen in einem blubbernden Sud. Der Reisberg auf einer Platte wird von Hühnerstückchen,

Hack und Mandeln gekrönt. Ein reichhaltiges Mahl, schließlich hat die Familie A. den ganzen Tag gefastet.

Um 18.24 Uhr ist es soweit: »Zeit fürs Essen«. Die Familie setzt sich an den Tisch. Der Vater reicht eine Schale mit Datteln herum, die Mutter gießt Wasser in die Gläser. Alle kauen langsam und spülen die Früchte, die auch der Prophet gegessen hat, mit Wasser herunter. Vorsichtig, der Magen bekommt zum ersten Mal seit vielen Stunden etwas zu tun. Auch das Wasser ist eine Wohltat, das erste Getränk des Tages.

Nur die Söhne, der sechsjährige Gayth und der neunjährige Feras, haben heute schon etwas gegessen. Sie üben zwar mit den Erwachsenen zu fasten, aber sie bekommen Getränke und Essen, wenn sie nicht darauf verzichten können. Die achtzehnjährige Lubna hält sich dagegen genauso streng an die Regeln wie ihre Eltern. Kein Bonbon oder Kaugummi kommt im Ramadan über ihre Lippen. Zumindest tagsüber …

Lubna übt auch Kritik am Ramadan. Doch stellt sie nicht die religiösen Regeln in Frage, sondern nur ihre Einhaltung. »Eigentlich ist es in dieser Zeit verboten, Kriege zu führen, aber keiner hält sich daran.« Sonst ist sie sich mit ihrem Vater über den Sinn des Ramadan einig: »Der Sinn der Sache ist es, den Hunger und den Durst zu ertragen.« Auf diese Weise stellt der Gläubige seine Geduld unter Beweis, er fühlt mit den Hungernden in den Krisengebieten der Erde, er erfährt das Gefühl des Teilens …

»Die ersten Tage sind total schwer«, sagt der Vater, doch gegen Ende fallen das Hungern und das Dursten leichter. Seine arabischen Kollegen fasten auch. Doch Lubna kennt auch das Gefühl, wenn ihre Schulkameradinnen herzhaft ins Pausenbrot beißen und sie mit leerem Magen zusehen muss.

Nach dem Abendessen zieht sich die Familie mit Tee, Kaffee und Süßigkeiten auf das Sofa zurück. Der Fernseher wird eingeschaltet. Der Sender aus Dubai überträgt eine Stunde lang Gebete aus Mekka – wie an jedem Abend im Ramadan.

Stellt euch folgende Situation vor:
Ihr plant mit eurer Klassenlehrerin einen Schullandheimaufenthalt. Ihr habt Glück: Das Landheim ist gerade noch für eine Woche frei! Der Termin steht also fest und kann nicht mehr verschoben werden. Ihr habt schon viele Vorbereitungen getroffen, und alle freuen sich, aus der Schule herauszukommen.

An einem Morgen bemerkt ein türkischer Mitschüler, dass in diesen Zeitraum die zweite Woche des Ramadan fällt. Ihn selbst, meint er, störe das nicht, aber andere türkische Mitschüler/innen bekämen vielleicht Schwierigkeiten. So ist es.

Mehreren türkischen Mitschüler/innen wird die Mitfahrt von ihren Eltern erst einmal verboten. Wenn aber die muslimischen Mitschüler/innen nicht mitkommen, wird der Bus zu teuer und die ganze Fahrt fällt ins Wasser.

Die Situation ist schwierig. Was ist zu tun?

Stellt in einem Rollenspiel (Eltern, Schüler/innen, Lehrerin) den Konflikt dar. Versucht eine Lösung zu finden, der alle Beteiligten (die muslimischen Eltern, die türkischen und nichttürkischen Mitschüler/innen) zustimmen können.

Haltet die Ergebnisse eurer Lösung auf diesem Blatt fest.

_____

_____

_____

_____

_____

_____

_____

_____

_____

_____

_____

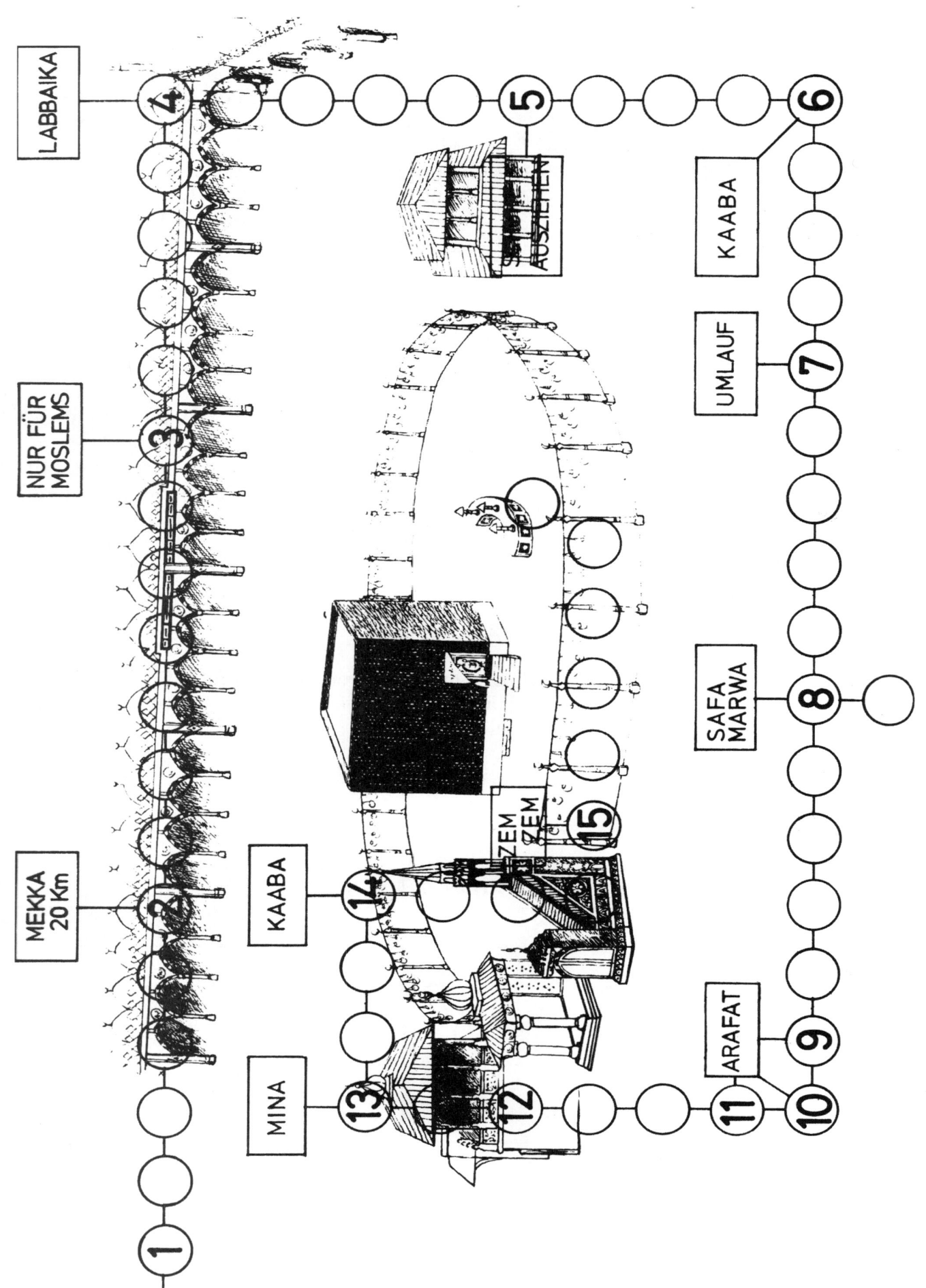

Während der Wallfahrt nach Mekka verpflichten sich die Muslime, keinem Lebewesen ein Leid zuzufügen. Sie fühlen sich dabei wie eine große Familie und behandeln sich gegenseitig mit großer Ehrerbietung. Wir wollen das in unserem Spiel auch zum Ausdruck bringen.

Immer wenn eine Spielfigur auf ein schon besetztes Feld vorrückt, darf die Figur, die schon auf dem Feld stand, auf das nächste freie Feld vorrücken.

1. Einmal in seinem Leben soll ein Muslim, eine Muslima den Hadsch (Wallfahrt) nach Mekka ausführen. Wer eine Eins gewürfelt hat, darf anfangen.

2. 20 Kilometer vor Mekka reinigt sich der Pilger und legt das aus zwei ungesäumten weißen Tüchern bestehende Pilgergewand an. Von nun an befindet er sich für die Dauer der Wallfahrt im Zustand der kultischen Reinheit und darf sich daher nicht mehr waschen, rasieren und kämmen. Du hast das alles richtig erfüllt. Rücke fünf Felder vor.

3. Mekka darf nur von Muslimen betreten werden. In der Nähe der Stadt stehen Wachtposten, die jeden zurückweisen, der nicht Muslim ist. Bis jetzt ist es erst sehr wenigen Christen geglückt, heimlich die heilige Stadt zu betreten. Du wirst entdeckt und musst daher noch einmal von vorn anfangen.

4. Tausende von Pilgern ziehen jetzt auf der staubigen Straße nach Mekka. Überall hört man den typischen Wallfahrtsruf: »Labbaika« (zu Diensten, zu Befehl). Du stimmst in diesen Ruf ein und darfst so viele Felder, wie das Wort Silben hat, vorrücken.

5. Endlich stehst du vor den Toren der großen Moschee. Im Hof siehst du schon das große Heiligtum, die würfelförmige Kaaba. Du bist äußerst gespannt und vergisst dabei, dir die Schuhe auszuziehen. Die Moscheewächter schicken dich zurück. Rücke auf Feld zwei zurück.

6. Einer der Höhepunkte der Wallfahrt ist das Küssen des schwarzen Steines in einer Ecke der Kaaba. Dir ist es geglückt, trotz des großen Andrangs bis zu diesem Stein vorzudringen. Rücke um 7 Felder vor.

7. Zu den Pflichten der Wallfahrt gehört es, sieben Mal um die Kaaba herumzulaufen. Du hast dich verzählt und musst daher auf Feld 5 zurück.

8. Die Muslime verehren als ihren Stammvater Ismael, einen Sohn Abrahams. Ismaels Mutter Hagar suchte einmal im Tal Mekka nach Wasser für ihren verdurstenden Sohn. Auf ihr Gebet hin entsprang die Quelle Sem-Sem in der Nähe der Kaaba. Zur Erinnerung an das verzweifelte Suchen der Hagar läuft der Pilger sieben Mal zwischen den Bergen Safa und Marwa hin und her. Du bist von der Hitze, dem Gedränge und von dem Laufen so erschöpft, dass du dich jetzt etwas ausruhen musst. Hole dir zur Gesellschaft die Figur eines Mitspielers auf dein Feld. Es ist egal, ob er vor oder hinter dir stand.

9.–11. Am achten Tag der Wallfahrt ziehen die Pilger zur Ebene Ararat. Dort lagern sie vom Mittag bis zur Abenddämmerung am Fuße eines Hügels, auf dem Mohammed seine letzte Predigt gehalten hat. Du setzt einmal mit Würfeln aus.

12. Die letzte Station der Wallfahrt ist in Mina. Auf dem Wege dorthin haben die Pilger kleine Steinchen gesammelt, mit denen sie die drei Satanssäulen bewerfen. Einer alten islamischen Legende zufolge soll Abraham an dieser Stelle den Teufel mit Steinwürfen vertrieben haben. Du hast deine sieben Steinchen geworfen und darfst sieben Felder vorrücken.

13. In Mina findet auch das einzige Schlachtopfer des Islam statt. Für jeden Festpilger wird ein Stück Kleinvieh oder für je sieben Personen zusammen ein Stück Großvieh geschlachtet. Nach dem Schlachtopfer wird das Pilgergewand abgelegt und das Haar wieder geschnitten. Der Zustand der kultischen Reinheit ist hiermit beendet. Du bringst es nicht übers Herz, ein Tier für dich schlachten zu lassen. Würfle noch einmal und rücke die entsprechende Anzahl Felder zurück.

14. Die Pilger kehren nach Mekka zurück und besuchen noch einmal die Kaaba. Du schließt dich ihnen an. Rücke drei Felder vor.

15. Du verweilst noch etwas am heiligen Brunnen Sem-Sem und füllst eine Flasche mit dem wunderkräftigen Wasser, das du deinen Freunden in Deutschland mitbringen willst. Du kannst erst weiter, wenn du eine Sechs gewürfelt hast.

Wer zuerst durchs Ziel gekommen ist, darf sich Hadschi nennen und hat das Recht, einen grünen Turban zu tragen.

Das Ziel ist erst dann erreicht, wenn die gewürfelte Zahl in der Kaaba endet. Bei höheren Würfen muss vom Ziel aus wieder entsprechend zurückgesetzt werden.

Hadsch – die Wallfahrt nach Mekka

1. Wer pilgert nach Mekka?

_____

_____

_____

_____

2. Welches ist der Höhepunkt der Wallfahrt für einen frommen Muslim?

_____

_____

_____

_____

3. Warum werfen die Pilger mit kleinen Steinchen?

_____

_____

_____

_____

4. Wer ist »Hadschi«?

_____

_____

_____

_____

5. Was bringt ein Hadschi mit nach Hause von der Wallfahrt für seine
    Familie, Verwandte und Nachbarn?

_____

_____

_____

_____

»Sie sollen ihre Tücher tief über sich ziehen. Das ist besser, damit sie erkannt und nicht belästigt werden.« (*Sure 33, 60*)

Das heißt: Eine muslimische Frau soll Schleier tragen, damit sie in der Öffentlichkeit als Muslima erkannt wird. Sie soll sich offen zu ihrem Glauben bekennen und so Standhaftigkeit demonstrieren.

Durch den Schleier ist eine muslimische Frau im Westen natürlich in der Öffentlichkeit vielerlei Unannehmlichkeiten und Demütigungen ausgesetzt. Aber gerade dadurch wird der Schleier speziell in unserer Gesellschaft, ein Mittel, uns Gott zu nähern. Wir demonstrieren im Schleier, für alle Welt sichtbar, unseren Glauben, denn im Gegensatz zu Schal oder Kopftuch kann er nicht als modische Extravaganz missverstanden werden. Wir üben mit seiner Hilfe tagtäglich Standhaftigkeit, Gläubigkeit und Demut. Eine verschleierte Frau hat Allah bewusst ihre Eitelkeit, ihren Wunsch zu gefallen, von der Gesellschaft anerkannt zu werden (was auch immer man darunter verstehen mag), und ihren Hochmut geopfert. Sie demonstriert öffentlich ihre Keuschheit und ihren Verzicht auf das leichte, prickelnde Spiel des Flirts.

Somit ist der Schleier auch ein öffentliches Bekenntnis zur Familie und so erinnert der Schleier die Trägerin aber auch ständig daran, dass sie Muslima ist, und erleichtert ihr somit die Übungen des Dhikr, des ständigen Betens zu ihrem Schöpfer.

Es liegt in der Natur der Sache, dass eine verschleierte Frau weniger sexuelles Interesse erweckt als eine unverschleierte Frau. Eine Frau, die sich verschleiert, übernimmt damit auch ein Stück moralische und spirituelle Verantwortung für ihre männliche Umwelt, indem sie diese daran hindert, vom rechten Weg abzukommen. Der richtig angelegte Schleier signalisiert jedem Mann, dass seine Trägerin ihr Leben Gott geweiht hat und an weltlichen Affären nicht interessiert ist. Wir sehen, der Schleier als Bestandteil des islamischen Moralsystems schützt die Reinheit seiner Trägerin und die des (un-)gewollten Betrachters und dient somit dem Schutz der Familie.

Rabeah Yalniz

Sprich zu den gläubigen Männern, sie sollen ihre Blicke senken und ihre Scham bewahren. Das ist lauterer für sie. Gott hat Kenntnis vom, was sie machen.

Und sprich zu den gläubigen Frauen, sie sollen ihre Blicke senken und ihre Scham bewahren, ihren Schmuck nicht offen zeigen, mit Ausnahme dessen, was sonst sichtbar ist. Sie sollen ihren Schleier auf den Kleiderausschnitt schlagen und ihren Schmuck nicht offen zeigen, es sei denn ihren Ehegatten, ihren Vätern, den Vätern ihrer Ehegatten, ihren Söhnen, den Söhnen ihrer Ehegatten, ihren Brüdern, den Söhnen ihrer Brüder und Söhnen ihrer Schwestern, ihren Frauen, denen, die ihre rechte Hand besitzt, den männlichen Gefolgsleuten, die keinen Trieb mehr haben, den Kindern, die die Blöße der Frauen nicht beachten. Sie sollen ihre Füße nicht aneinanderschlagen, damit man gewahr wird, was für einen Schmuck sie verborgen tragen. Bekehrt euch allesamt zu Gott, ihr Gläubigen, auf dass es euch wohl ergehe.
Sure 24, Vers 30.31

Für die muslimischen Männer und Frauen, Männer und Frauen, die gläubig, ergeben, wahrhaftig, geduldig, demütig sind, die Almosen geben, fasten, ihre Scham bewahren und Gott viel gedenken – für sie hat Gott Vergebung und einen großartigen Lohn bereitet.
Sure 33, Vers 35

O ihr, die ihr glaubt, tretet nicht in die Häuser des Propheten ein – es sei denn, das wird euch erlaubt – zur Teilnahme an einem Essen, ohne auf die Essenszeit zu warten. Wenn ihr dann hereingerufen werdet, dann tretet ein, und, wenn ihr gegessen habt, dann geht auseinander, und (dies) ohne euch einer Unterhaltung hinzugeben. Damit fügt ihr dem Propheten Leid zu, aber er schämt sich vor euch. Gott aber schämt sich nicht vor der Wahrheit. Und wenn ihr sie (die Frauen des Propheten) um einen Gegenstand bittet, habt, so bittet sie von hinter einem Vorhang. Das ist reiner für eure Herzen und ihre Herzen. Und es steht euch nicht zu, dem Gesandten Gottes Leid zuzufügen, und auch nicht jemals, seine Gattinnen nach ihm zu heiraten. Das wäre bei Gott etwas Ungeheuerliches.
Sure 33, Vers 53

O Prophet, sag deinen Gattinnen und deinen Töchtern und den Frauen der Gläubigen, sie sollen etwas von ihrem Überwurf über sich herunterziehen. Das bewirkt eher, dass sie nicht belästigt werden. Und Gott ist voller Vergebung und barmherzig.
Sure 33, Vers 59

**Bekleidungsvorschriften für Frauen –
reine Schikane?**

Vorschriften des Koran (M 12.6)	Argumente einer Muslima (M 12.5)	Meine Meinung

Die geschlechtsspezifische Erziehung im Islam

Auf Grund der eindeutigen Aufgabenteilung von Mann und Frau im islamischen Recht ist auch eine differenzierte Erziehung von Jungen und Mädchen notwendig.

Jedes Geschlecht muss neben der allgemeinen Bildung und Erziehung auf seinen speziellen Aufgabenbereich vorbereitet werden. Diese Aufgabenvermittlung äußert sich im alltäglichen Leben, indem das Mädchen beispielsweise zur Beaufsichtigung der Geschwister und zur Reinigung des Heimes herangezogen wird und der Junge den Vater bei seinen Geschäften begleitet.

Ein wichtiger Aspekt dieser geschlechtsspezifischen Erziehung ist die Bewusstseinsentfaltung. So muss der Junge so früh wie möglich auf sein Amt als Familienoberhaupt vorbereitet werden, damit er in dieser Hinsicht seine große Pflicht erkennt und ein entsprechendes Verantwortungsbewusstsein entwickeln kann.

Dementsprechend muss dem Mädchen bewusst gemacht werden, dass seine Bestimmung als Frau nicht darin liegt, sich als Sexualobjekt in offenherziger Kleidung der männlichen Umwelt zu demonstrieren und ihre Blicke auf sich zu ziehen – wie es in Europa nicht gerade selten der Fall ist –, sondern dass ihre Anerkennung und Bestätigung als Frau in ihrem persönlichen Beitrag d. h. in der gewissenhaften Erfüllung ihrer Pflichten bezüglich der gesellschaftlichen Entwicklung und Ausweitung des Islam zu finden ist. Nur in dieser Beziehung kann von einer »Emanzipation der Frau« die Rede sein.

Amal Ingrid Lehnert

Ein Bild aus dem Krieg Iran gegen Irak (1986). Schiitische Frauen demonstrieren in Teheran ihre Bereitschaft, für die heilige Sache mit der Waffe zu kämpfen

Der Begriff »Frieden« (arabisch *Salâm*) ist im Islam einer der schönsten Namen Gottes. Wenn die Gläubigen sich treffen oder auseinander gehen, wünschen sie sich gegenseitig diesen Frieden. Der Koran sagt: »Im Paradies hören die Seligen kein leeres Gerede, sondern nur das Grußwort »Friede! Friede!«

Die Gegner des Islam behaupten nun häufig, dass der Islam mit seinem »heiligen Krieg« eine kriegerische Religion ist. Der Begriff »Dschihad«, der dabei mit »heiliger Krieg« übersetzt wird, hat aber eine andere Bedeutung. »Dschihad« bedeutet »Anstrengung, Kampf« in einem sehr weiten Sinn: Das Leben ist für den Muslim in jedem Augenblick ein Kampf, eine fortwährende Anstrengung, die Schicksalsschläge des Lebens zu meistern, Ausdauer zu zeigen, Hindernisse zu überwinden. Man muss kämpfen, um seine schlechten Neigungen zu besiegen und den Sieg des Guten über das Böse und Falsche sicherzustellen, das ist der wahre, *große Dschihad*. Nur in einem sehr eingeschränkten Sinn wird der Begriff auch für den Kampf verwandt, den man führen muss, um seinen Glauben oder sein Vaterland zu verteidigen. Das nennt man *kleiner Dschihad*. Es gibt also keinen heiligen Krieg, jeder Krieg für eine ungerechte Sache ist verwerflich.

Historisch wurde der Begriff »heiliger Krieg« zuerst im Christentum verwandt von einem Mönch, der damit die Christenheit dazu aufrief, die »heiligen Stätten« von den Türken zu befreien. »Gott will es!« lautete der Aufruf zu den Kreuzzügen und »Heiliger Krieg den Ungläubigen«. Viele Muslime (und Juden) verloren in diesem »heiligen Krieg« der Christen ihr Leben.

Der Islam ist nicht eine Religion des Krieges, der Gewalt oder der Aggression. Wenn man ihm aber den Krieg erklärt, dann »hält er nicht die linke Wange hin« und praktiziert auch nicht gewaltlosen Widerstand. Im Namen der legitimen Verteidigung schlägt er zurück, um das Gute gegen das Böse zu schützen, die Gerechtigkeit gegen die Ungerechtigkeit und die Würde des Menschen gegen die Erniedrigung.

Man hat gesagt, der Islam habe sich durch das Schwert in der Welt ausgebreitet. Das ist eine Verleumdung. Der Koran schließt jede Zwangskonversion (Übertritt zu einem anderen Glauben durch Zwang) aus. (Sure 2,256) Wenn seine Ausbreitung die Folge von Krieg und Gewalt gewesen wäre, wieso breitet er sich dann heute so erfolgreich in der Welt auf friedliche Weise aus?

Nach Cheik So Hamza Boubakeur (aus dem Französischen)

1. Erläutere die arabischen Begriffe *Salâm, großer Dschihad, kleiner Dschihad.*

   Salâm: _____

   großer Dschihad: _____

   kleiner Dschihad: _____

2. Woher kommt für Muslime der Begriff »heiliger Krieg«?

   _____

   _____

3. Was hält ein Muslim von »gewaltfreiem Widerstand«? _____

   _____

   _____

4. Vergleicht Bild und Text auf dem Infoblatt. Was fällt auf?

   _____

   _____

   _____

Wie beurteilst du folgende Vorwürfe auf der Skala von 0 ... 10?
(Such dir Klassenkameraden für eine kleine Diskussion!)

1. Der Islam will alle Menschen bekehren, notfalls mit Gewalt.

O   1   2   3   4   5   6   7   8   9   10

ganz unfair   sowohl fair   absolut fair
                               als auch unfair

2. Der Islam ist eine aggressive Religion, weil Muslime heilige Kriege führen.

O   1   2   3   4   5   6   7   8   9   10

ganz unfair   sowohl fair   absolut fair
                               als auch unfair

3. Das Christentum ist eine aggressive Religion. Das beweisen die Kreuzzüge.

O   1   2   3   4   5   6   7   8   9   10

ganz unfair   sowohl fair   absolut fair
                               als auch unfair

4. Wenn Menschen im Namen einer Religion Kriege führen (Islam oder Christentum), missbrauchen sie die Religion, um eigene Interessen zu verstecken.

O   1   2   3   4   5   6   7   8   9   10

ganz falsch   sowohl richtig   absolut richtig
                               als auch falsch

5. Wer die Religion Andersgläubiger nur als aggressiv darstellt und die eigene Religion nur als friedlich, hetzt damit Menschen gegeneinander auf und versucht Unfrieden und Hass zu säen.

O   1   2   3   4   5   6   7   8   9   10

ganz falsch   sowohl richtig   absolut richtig
                               als auch falsch

Weltreligionen heute im Vergleich

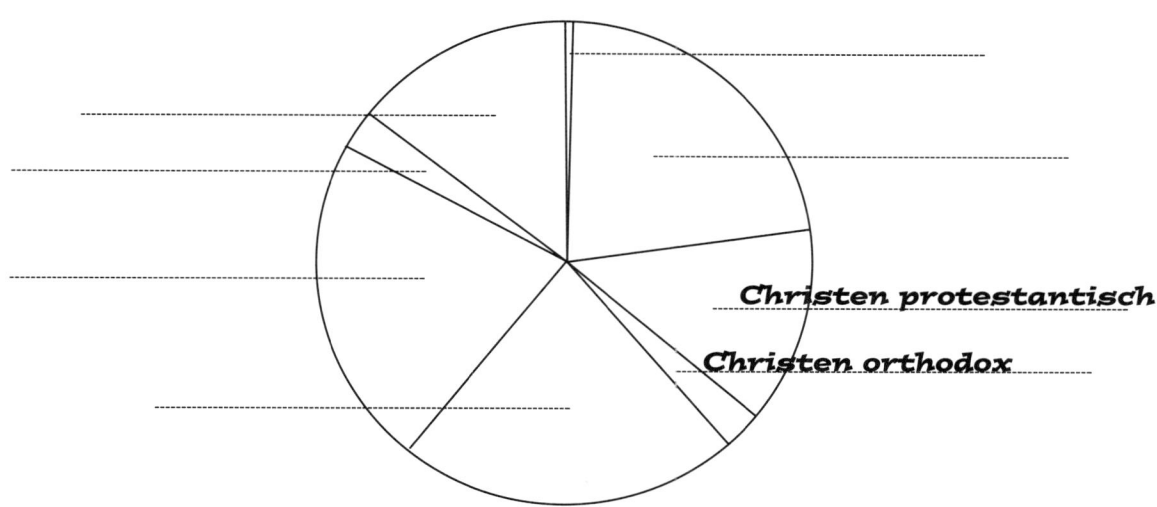

Aufgabe:

Trage farbig in die Abbildung ein, wie viel Prozent der Weltbevölkerung jeweils welcher Religion angehören (nimm dazu M 14.3: Weltreligionen in Zahlen).

Ausbreitung des Islam heute

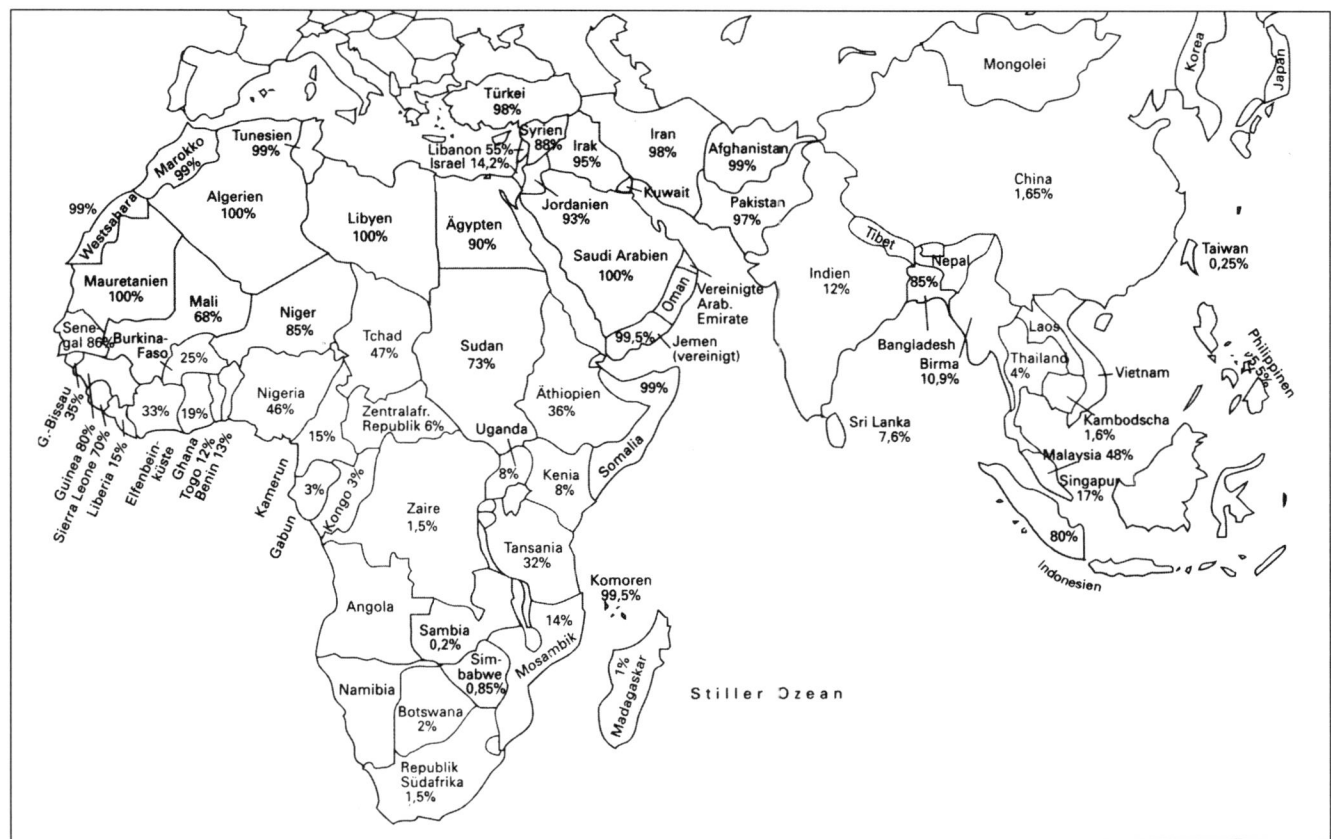

Aufgabe:

Kennzeichne mit grüner Farbe die Länder, in denen der Anteil der Muslime mehr als 50 Prozent beträgt.

Die Ausbreitung des Islam

Unter den ersten beiden Kalifen (auf deutsch »Nachfolger« von Mohammed) **Abu Bekr** (632–634) und **Omar** (634–644) wurden die Gebiete des südlichen Irak und Palästina, Syrien, Persien und Ägypten dem Islam unterworfen. Während der **Omayyadenherrschaft*** (661–749) drangen islamische Heere über Nordafrika und Spanien bis nach Südfrankreich vor, wo sie bei Tours und Poitiers von **Karl Martell** (732) vernichtend geschlagen wurden.

* Herrscherdynastie aus Damaskus

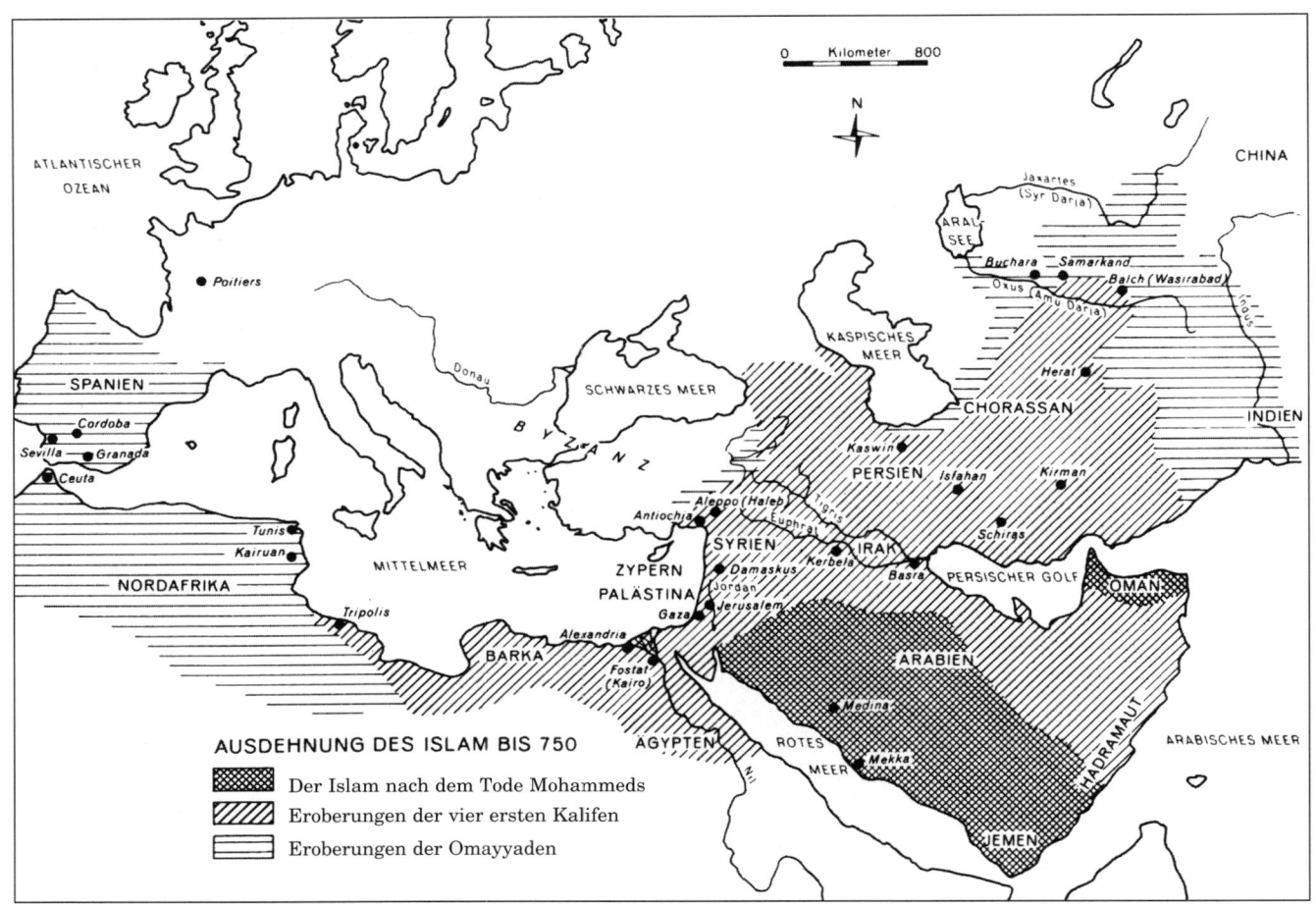

Ausdehnung des Islam bis 750

Islamisches Gebiet beim Tod Mohammeds	Eroberung der vier ersten Kalifen	Eroberung der Omayyaden

Aufgaben:
1. Wähle Farben für die Legende und färbe die Karte passend ein.
2. Zeichne die Städte Mekka, Medina, Jerusalem, Damaskus und Kairo rot ein.

Die großen Weltreligionen (in Prozent der Weltbevölkerung)

Juden	0,6%
Christen röm.-kath.	23,0%
Christen protestantisch	14,0%
Christen orthodox	3,9%
Muslime	22,9%
Hindus	22,2%
Shintoisten	2,7%
Buddhisten	10,7%

Was passt nicht dazu? Streiche die falschen Wörter durch!

◆ Glaubensbekenntnis — 10 Gebote — Gebet — Fasten — Almosen — Pilgerfahrt

◆ Moschee — Minarett — Imam — Mitra — Muezzin

◆ Sure — Evangelium — Koran — arabisch — auswendig rezitieren

◆ Allah — Mohammed — Jahwe — Islam — Muslime

◆ Mekka — Medina — Meran — Jerusalem

◆ Kartoffel — Zimt — Mokka — Artischocke — Orangen

◆ Fatima — Chadidscha — Aischa — Susanna

◆ Laubhüttenfest — Zuckerfest — Aschura-Tag — Opferfest

◆ Toledo — Wien — Bagdad — Kairo — Damaskus

◆ Morgens — Mittags — Nachmittags — Abends — Nachts — Mitternächtlich

Was passt nicht dazu? Streiche die falschen Wörter durch!

◆ Glaubensbekenntnis — ~~10 Gebote~~ — Gebet — Fasten — Almosen — Pilgerfahrt

◆ Moschee — Minarett — Imam — ~~Mitra~~ — Muezzin

◆ Sure — ~~Evangelium~~ — Koran — arabisch — auswendig rezitieren

◆ Allah — Mohammed — ~~Jahwe~~ — Islam — Muslime

◆ Mekka — Medina — ~~Meran~~ — Jerusalem

◆ ~~Kartoffel~~ — Zimt — Mokka — Artischocke — Orangen

◆ Fatima — Chadidscha — Aischa — ~~Susanna~~

◆ ~~Laubhüttenfest~~ — Zuckerfest — Aschura-Tag — Opferfest

◆ Toledo — ~~Wien~~ — Bagdad — Kairo — Damaskus

◆ Morgens — Mittags — Nachmittags — Abends — Nachts — ~~Mitternächtlich~~

Die 5-Minuten-Terrine!

Ramadan   Gesandter Gottes

Moschee   Gebetsrichtung nach Mekka

Kaaba   Anhänger des Islam

Allah   Kapitel des Koran

Kalif   Heiligtum in Mekka

Sure   Gebetsraum der Muslime

Muslime   Nachfolger des Propheten

Kibla   Fastenmonat

Mohammed   Name Gottes

Aufgabe:
Zwei Begriffe gehören jeweils zusammen. Verbinde sie mit einem Pfeil.

Die 5-Minuten-Terrine!

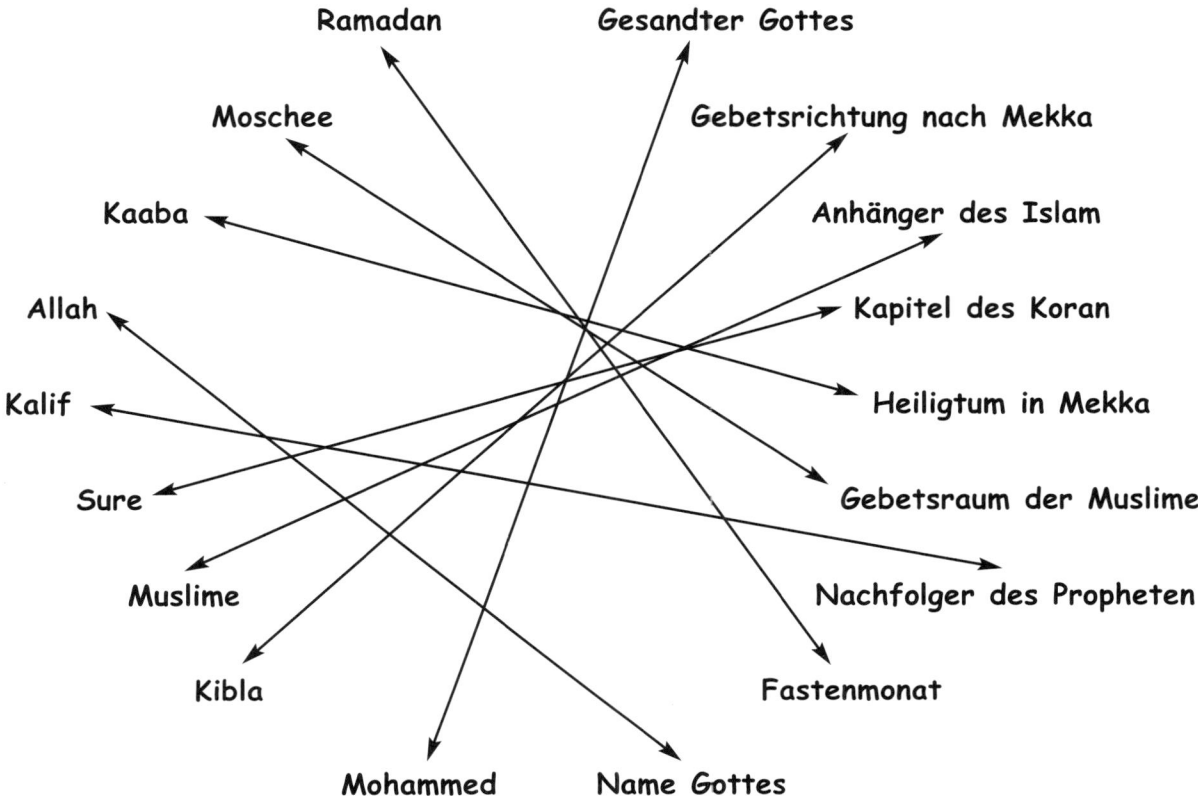

Ramadan

Gesandter Gottes

Moschee

Gebetsrichtung nach Mekka

Kaaba

Anhänger des Islam

Allah

Kapitel des Koran

Kalif

Heiligtum in Mekka

Sure

Gebetsraum der Muslime

Muslime

Nachfolger des Propheten

Kibla

Mohammed   Name Gottes   Fastenmonat

Was stimmt hier nicht? Verbessere die Aussagen.

1. Man kann statt Muslim auch Moslem oder Mohammedaner sagen.

   _____

2. Der Islam entstand ca. 100 Jahre vor dem Christentum.

   _____

3. Die Muslime beten drei Mal am Tag.

   _____

4. Muslime dürfen zwar keinen Alkohol trinken, aber alles essen.

   _____

5. Muslime beten jeden Sonntag jeder für sich in der Moschee.

   _____

6. Den Koran lernt jedes muslimische Kind in seiner Muttersprache auswendig.

   _____

7. Muslimische Frauen müssen nach dem Koran einen schwarzen Mantel und ein Kopftuch tragen.

   _____

8. Alle Muslime müssen im Ramadan fasten – ohne Ausnahmen.

   _____

   _____

9. Es gibt keine Gemeinsamkeiten im Glauben von Juden, Christen und Muslimen.

   _____

   _____

   _____

10. Mohammed hat im Islam die gleiche Bedeutung wie Jesus im Christentum.

    _____

    _____

Was stimmt hier nicht? Verbessere die Aussagen.

1. Man kann statt Muslim auch Moslem oder Mohammedaner sagen.

   Mohammed ist nur ein Mensch. Muslime glauben an Gott, nicht an Mohammed.

2. Der Islam entstand ca. 100 Jahre vor dem Christentum.

   Der Islam entstand ca. 600 Jahre nach dem Christentum.

3. Die Muslime beten drei Mal am Tag.

   Muslime beten fünf Mal am Tag.

4. Muslime dürfen zwar keinen Alkohol trinken, aber alles essen.

   Muslime dürfen z.B. kein Schweinefleisch essen.

5. Muslime beten jeden Sonntag jeder für sich in der Moschee.

   Muslime beten am Freitag gemeinsam in der Moschee.

6. Den Koran lernt jedes muslimische Kind in seiner Muttersprache auswendig.

   Muslimische Kinder versuchen den ganzen Koran in Arabisch auswendig zu lernen.

7. Muslimische Frauen müssen nach dem Koran einen schwarzen Mantel und ein Kopftuch tragen.

   Muslimische Frauen sollen ihre Haare mit einem Tuch bedecken nach dem Koran.

8. Alle Muslime müssen im Ramadan fasten – ohne Ausnahmen.

   Kinder, Kranke, schwangere Frauen, Reisende sind vom Fasten ausgenommen.

9. Es gibt keine Gemeinsamkeiten im Glauben von Juden, Christen und Muslimen.

   Alle glauben nur an einen Gott (Monotheisten), alle haben ein heiliges Buch, alle verehren Abraham, Mose u. a., sehen in Jesus und Maria wichtige Personen des Glaubens, betrachten Jerusalem als heilige Stadt, erwarten von Menschen, dass sie sich an die Gebote Gottes halten und sich für Arme und Schwache einsetzen.

10. Mohammed hat im Islam die gleiche Bedeutung wie Jesus im Christentum.

    Für Muslime ist Mohammed ein Prophet Gottes, der letzte und wichtigste Prophet, aber nur ein Mensch, dessen Leben jedoch beispielhaft ist.

    Für Christen hat Jesus eine so große Nähe zu Gott, dass sie ihn Gottes Sohn nennen. Sein Leben und Handeln, sein Sterben und seine Auferstehung haben eine Bedeutung für jeden Menschen.

Judentum

Christentum

Islam

Glaube an einen einzigen Gott – Gott ist der Schöpfer der Welt – Jesus ist Gottes Sohn – Abraham – Koran – Tora – Altes und Neues Testament – Passafest – Weihnachten – Ostern – Zuckerfest – Chanukka – Ramadan – Halloween – Taufe – Beschneidung – Konfirmation – Moschee – Synagoge – Kirche – Kreuz – Halbmond – Davidstern – Rom – Mekka – Jerusalem als heilige Stadt – Fasten – Beten – Almosengeben

Aufgabe:
Ordne die folgenden Begriffe den richtigen Religionen zu.
Achtung: Manche Begriffe gehören nicht nur zu einer Religion!

Judentum

Glaube an einen einzigen Gott – Gott ist der Schöpfer der Welt – Abraham – Jerusalem als heilige Stadt – Fasten – Beten – Almosengeben – Beschneidung – Davidstern – Tora – Passafest – Chanukka – Synagoge

Christentum

Glaube an einen einzigen Gott – Gott ist der Schöpfer der Welt – Abraham – Jesus ist Gottes Sohn – Altes und Neues Testament – Jerusalem als heilige Stadt – Fasten – Beten – Almosengeben – Weihnachten – Ostern – Taufe – Konfirmation – Kirche – Kreuz – Rom

Islam

Glaube an einen einzigen Gott – Gott ist der Schöpfer der Welt – Abraham – Jerusalem als heilige Stadt – Fasten – Beten – Almosengeben – Mekka Ramadan – Zuckerfest – Beschneidung – Koran – Moschee – Halbmond

1.	5						
2.		2					
3.	1						
4.					3		
5.				4			
6.	6						
7.					7		
8.			8				

Lösungswort:

___ ___ ___ ___ ___ ___ ___ ___
1   2   3   4   5   6   7   8

1. Wie heißt das Haus für das gemeinsame Gebet der Muslime?

2. Wie heißt ihr heiliges Buch?

3. Wer ruft vom Minarett zum gemeinsamen Gebet?

4. Was bedeutet »Gott« auf Arabisch?

5. Wie heißt der Fastenmonat?

6. Welche Stadt ist das Ziel der Pilgerfahrt?

7. Aus welchem Land stammen die meisten Muslime in Deutschland?

8. In welche Stadt floh der Prophet von Mekka aus im Jahr 622?

1. M O S C H E E
2. K O R A N
3. M U E Z Z I N
4. A L L A H
5. R A M A D A N
6. M E K K A
7. T Ü R K E I
8. M E D I N A

Lösungswort: M O H A M M E D
1 2 3 4 5 6 7 8

Islam   Christentum

Im Mittelpunkt des
Glaubens steht

_____   _____

Anhänger

_____   _____

Heiliges Buch

_____   _____

Gebets- und
Versammlungshaus

_____   _____

Aussage über Jesus

_____   _____

Warum ist Jerusalem
wichtig?

_____   _____

_____   _____

Beginn der Zeitrechnung

_____   _____

Wichtige Gebote

_____   _____

_____   _____

	Islam	Christentum
Im Mittelpunkt des Glaubens steht	*Koran als Wort Gottes*	*Jesus Christus*
Anhänger	*Muslime*	*Christen*
Heiliges Buch	*Koran*	*Bibel*
Gebets- und Versammlungshaus	*Moschee*	*Kirche*
Aussage über Jesus	*Jesus ist einer der größten Propheten*	*Jesus ist der Sohn Gottes*
Warum ist Jerusalem wichtig?	*Mohammed machte von hier eine Reise in den Himmel*	*Jesus lebte und starb hier. Nach der Auferstehung der Ort der ersten Gemeinde*
Beginn der Zeitrechnung	*622 n. Chr. (Hedschra)*	*Das Jahr 0 (Christi Geburt)*
Wichtige Gebote	*Fünf Säulen*	*10 Gebote (Liebesgebot)*

Das Leben Mohammeds

ca. 570 n. Chr.	
ca. 610 n. Chr.	
622 n. Chr.	
630 n. Chr.	
632 n. Chr.	

Der Koran

Sprache	
Wichtige Sure	
Anzahl der Suren	
Aufgeschrieben von	

Das Leben Mohammeds

ca. 570 n. Chr.	*Geburt Mohammeds in Mekka, er wird früh Waise, wächst bei seinem Onkel auf heiratet mit 25 Jahren eine reiche Witwe*
ca. 610 n. Chr.	*Berufung zum Propheten* *Verkündigung, dass es nur einen Gott gibt*
622 n. Chr.	*Auswanderung nach Medina,* *weil seine Botschaft in Mekka abgelehnt wird*
630 n. Chr.	*Militärische Eroberung Mekkas* *Entfernung der Götzenbilder aus der Kaaba*
632 n. Chr.	*Tod Mohammeds* *Schnelle Ausbreitung des Islam unter den ersten Kalifen*

Der Koran

Sprache	*Arabisch*
Wichtige Sure	*1. Sure: »Die Eröffnende«*
Anzahl der Suren	*114 Suren*
Aufgeschrieben von	*den Gefährten Mohammeds nach dessen Tod*

Der Islam verbreitete sich nach Mohammeds Tod rasch nach Palästina, Babylon, Kleinasien über Nordafrika bis nach Spanien. Die Zeit nach 800 n. Chr. nannte man DAS GOLDENE ZEITALTER. Überall waren Künstler: Maler, Steinhauer, Gärtner, und Wissenschaftler: Mathematiker, Philosophen und Ärzte an der Arbeit. Vieles haben sie damals entdeckt, was uns heute selbstverständlich ist. Manches haben wir in Europa von den Muslimen übernommen: Gegenstände und deren arabische Namen, die aus dem Orient zu uns kamen: z. B.

Algebra – Alkohol – Aprikose – Artischocke – Banane – Benzin – Bluse – Damast – Diwan – Gamaschen – Gaul – Gips – Gitarre – Ingwer – Jacke – Jasmin – Kaffee – Kandis – Kapern – Karmin – Karussell – Kittel – Konditorei – Kümmel – Kuppel – Lack – Laute – Lila – Limonade – Mandoline – Marzipan – Maske – Matratze – Mokka – Mosaik – Muskat – Mütze – Orange – Papagei – Reis – Risiko – Safran – Satin – Schach – Sofa – Spinat – Tamburin – Tasse – Wega – Zenit – Ziffer – Zimt – Zucker – Zwetschge

Aufgaben:
1. Sucht mit Hilfe eines Lexikons nach der Bedeutung der euch noch unbekannten Wörter.
2. Ordnet die Wörter nach Lebensbereichen (Essen, Trinken oder Farben, Mode, Möbel oder Kunst, Musik, Freizeit, Spiel oder Wissenschaft u. a.)

Essen, Trinken:

Möbel:

Mode:

Musik:

Freizeit:

Farben:

**Judentum, Christentum und Islam
im Vergleich**

	Judentum	Christentum	Islam
Bedeutung des Namens			
Name für Gott			
Heilige Schrift			
Gebetshaus			
Heilige Orte			
Beginn der Zeitrechnung			
Verbreitung			
Glaubensbekenntnis (Kurzfassung)			
Mittelpunkt des Glaubens			
Bedeutung von Jesus			
Wichtige Feiertage			
Ruhetag			
Wichtige Gebote			

Judentum, Christentum und Islam im Vergleich

	Judentum	Christentum	Islam
Bedeutung des Namens	Zum jüdischen Volk gehörend	An Christus glaubend	Frieden durch Gehorsam gegenüber Gott
Name für Gott	Jahwe	Gott	Allah
Heilige Schrift	Tora	Bibel	Koran
Gebetshaus	Synagoge	Kirche	Moschee
Heilige Orte	Jerusalem	Jerusalem, Rom	Mekka, Medina, Jerusalem
Beginn der Zeitrechnung	Beginn der Weltschöpfung	Christi Geburt	Flucht nach Mekka
Verbreitung	In jedem Staat der Welt, Israel	Europa, Nord- und Südamerika, Afrika, einzelne Staaten Asiens	Orient, Afrika, Asien
Glaubensbekenntnis (Kurzfassung)	Der Gott Israels ist einzig.	Ich glaube an Gott den Schöpfer, an seinen Sohn und den heiligen Geist	Es gibt keinen Gott außer Allah und Mohammed ist sein Prophet
Mittelpunkt des Glaubens	Die Tora	Jesus Christus	Koran
Bedeutung von Jesus	Ein Rabbi	Gottes Sohn	Ein Prophet
Wichtige Feiertage	Versöhnungsfest Laubhüttenfest Pessach Wochenfest Chanukka Purim	Weihnachten Ostern Pfingsten Christi Himmelfahrt	Opferfest Zuckerfest Mohammeds Geburtstag Neujahrsfest
Ruhetag	Sabbat	Sonntag	kein besonderer Ruhetag
Wichtige Gebote	10 Gebote	Du sollst Gott fürchten und lieben und deinen Nächsten lieben wie dich selbst.	Pflichtgebete Fasten Armensteuer Pilgerfahrt

Aufgabe:
Dieses Muster stammt aus dem Alcazar in Sevilla.
Du kannst auf der Zeichenvorlage eigene Farben wählen und das Flechtbandmuster anders gestalten als auf der Farbvorlage.

A Thema: Sunniten und Schiiten

Aufgabe:

Findet heraus, was »Schiiten« sind, wie sie entstanden sind, worin sie sich von »Sunniten« unterscheiden, in welchen Ländern es heute Schiiten gibt.

1. Diese Forschungsaufgabe kann von bis zu drei Schüler/innen bearbeitet werden und gibt Extrapunkte.

2. Die Aufgabe kann schriftlich oder mündlich in einem Referat vor der Klasse mit Hilfsmitteln (Folien, Dias, Filmausschnitt, usw.) bearbeitet werden.

3. Erlaubte Hilfsmittel sind: Bücher (Reli-/Geschichtsbücher), Karten, Internet, Encarta, Lexika, Zeitungsartikel, Interviews mit Fachleuten u. a.

B Thema: Die Scharia

Aufgabe:

Findet heraus, was Scharia bedeutet, welche Strafen sie z. B. bei Diebstahl, Ehebruch, Leugnung Gottes vorsieht und in welchen Ländern heute (noch?) die Scharia gilt.

1. Diese Forschungsaufgabe kann von bis zu drei Schüler/innen bearbeitet werden und gibt Extrapunkte.

2. Die Aufgabe kann schriftlich oder mündlich in einem Referat vor der Klasse mit Hilfsmitteln (Folien, Dias, Filmausschnitt, usw.) bearbeitet werden.

3. Erlaubte Hilfsmittel sind: Bücher (Reli-/Geschichtsbücher), Karten, Internet, Encarta, Lexika, Zeitungsartikel, Interviews mit Fachleuten u. a.

C Thema: Abraham

Aufgabe:

Findet heraus, was im Koran über Abraham gesagt wird, welche unterschiedliche Bedeutung Abraham im Judentum, im Christentum und im Islam hat und welche Rolle Abraham in den Friedensgesprächen zwischen Juden und Muslimen im Nahen Osten heute noch spielt.

1. Diese Forschungsaufgabe kann von bis zu drei Schüler/innen bearbeitet werden und gibt Extrapunkte.

2. Die Aufgabe kann schriftlich oder mündlich in einem Referat vor der Klasse mit Hilfsmitteln (Folien, Dias, Filmausschnitt, usw.) bearbeitet werden.

3. Erlaubte Hilfsmittel sind: Bücher (Reli-/Geschichtsbücher), Karten, Internet, Encarta, Lexika, Zeitungsartikel, Interviews mit Fachleuten u. a.

D Thema: Muslime bei uns

Aufgabe:

Es gibt viel über Muslime bei uns in Deutschland zu erforschen, z. B.: Ist es leicht oder schwer als Muslim in Deutschland zu leben, zu arbeiten oder in die Schule zu gehen? Welche Feste sind für sie besonders wichtig, wie feiern sie diese Feste in Deutschland?

1. Diese Forschungsaufgabe kann von bis zu drei Schüler/innen bearbeitet werden und gibt Extrapunkte.

2. Die Aufgabe kann schriftlich oder mündlich in einem Referat vor der Klasse mit Hilfsmitteln (Folien, Dias, Filmausschnitt, usw.) bearbeitet werden.

3. Erlaubte Hilfsmittel sind: Bücher (Reli-/Geschichtsbücher), Karten, Internet, Encarta, Lexika, Zeitungsartikel, Interviews mit Fachleuten u. a.

E Thema: **Jesus**

Aufgabe:
Findet heraus, was im Koran über Jesus steht, welche unterschiedliche Bedeutung er für Muslime, für Christen und für Juden hat.

1. Diese Forschungsaufgabe kann von bis zu drei Schüler/innen bearbeitet werden und gibt Extrapunkte.

2. Die Aufgabe kann schriftlich oder mündlich in einem Referat vor der Klasse mit Hilfsmitteln (Folien, Dias, Filmausschnitt, usw.) bearbeitet werden.

3. Erlaubte Hilfsmittel sind: Bücher (Reli-/Geschichtsbücher), Karten, Internet, Encarta, Lexika, Zeitungsartikel, Interviews mit Fachleuten u. a.

F Thema: **Die Bedeutung des Islam in der Türkei**

Aufgabe:
Findet heraus, wer ATATÜRK war, welche Bedeutung er für die Türkei heute hat und warum z. B. Studentinnen an türkischen Universitäten kein Kopftuch tragen dürfen.

1. Diese Forschungsaufgabe kann von bis zu drei Schüler/innen bearbeitet werden und gibt Extrapunkte.

2. Die Aufgabe kann schriftlich oder mündlich in einem Referat vor der Klasse mit Hilfsmitteln (Folien, Dias, Filmausschnitt, usw.) bearbeitet werden.

3. Erlaubte Hilfsmittel sind: Bücher (Reli-/Geschichtsbücher), Karten, Internet, Encarta, Lexika, Zeitungsartikel, Interviews mit Fachleuten u. a.

G   Thema: Jerusalem

Aufgabe:

Findet heraus, welche Bedeutung Jerusalem im Leben Mohammeds gespielt hat, welche Stätten für Muslime, Juden und Christen besonders heilig sind und warum es im Nahen Osten gerade wegen Jerusalem (hebr.: Stadt des Friedens) keinen Frieden gibt.

1. Diese Forschungsaufgabe kann von bis zu drei Schüler/innen bearbeitet werden und gibt Extrapunkte.

2. Die Aufgabe kann schriftlich oder mündlich in einem Referat vor der Klasse mit Hilfsmitteln (Folien, Dias, Filmausschnitt, usw.) bearbeitet werden.

3. Erlaubte Hilfsmittel sind: Bücher (Reli-/Geschichtsbücher), Karten, Internet, Encarta, Lexika, Zeitungsartikel, Interviews mit Fachleuten u. a.

Der Ergel Gabriel erscheint Mohammed und befiehlt ihm, die Menschen zum Glauben an Gott zu bekehren

Der Prophet auf dem Berg Hira: Mohammed empfängt die Offenbarung

Mohammed im Gebet bei der Kaaba. Aus Ehrfurcht vor dem heiligen Geschehen bleibt das Gesicht des Propheten verhüllt.

Mohammed im Kreis seiner Gefährten.

Muslimische Hochzeitsfeier

Muslimisches Begräbnis

Junge am Tag seiner Beschneidung

Afghanische Frauen mit Burka

Muslimische Geschäftsfrau

Königin Rania von Jordanien

Türkische Fußballfans

Quellennachweis

M 1.2/1.3 re.u.: © British Museum, London

M 2.1 a © Bavaria

M 2.1 b © Dr. Gerhard Schweizer, Wien

M 2.1 c © Internationales Bildarchiv, Horst von Irmer, München

M 2.1 d © KNA, Bonn

M 2.1 e © KNA, Bonn

M 2.1 f © dpa-Bildarchiv, Frankfurt/M.

M 3.2 aus: Monika und Udo Tworuschka (Hg.), Vorlesebuch Fremde Religionen, Kaufmann/Patmos, Lahr/Düsseldorf 1988

M 5.1 a © Andrew Lawson, Oxford

M 5.1 b © Barbara Huber, CIBEDO, Frankfurt/M.

M 5.1 c © laif agentur, Köln

M 5.1 d © laif agentur, Köln

M 6.1 b Texte in Anlehnung an: Der Islam. Arbeitsblätter für den Religionsunterricht (Religionspäd. Seminar der Diözese Regensburg), 1993

M 6.2 a aus: Der Islam. Arbeitsblätter für den Religionsunterricht, Religionspäd. Seminar der Diözese Regensburg, 1993

M 8.1 li. o.: © KNA, Frankfurt/M.
re. o.: © KNA, Bonn
li. u.: © IWA Köln
re. u.: © John Hillelson Agency, London

M 8.2 © Petra-B. Unbehaun, Stuttgart

M 8.3./4 © Petra-B. Unbehaun, Stuttgart

M 9.2 Jehan Sadat erzählt: aus: Jehan Sadat, Ich bin eine Frau aus Ägypten. Verlag Heyne TB, München 1995

M 10.1 Jehan erzählt: aus: Jehan Sadat, Ich bin eine Frau aus Ägypten. Verlag Heyne TB, München 1995

M 11.1/2 © Udo Kelch, Berlin

M 11.4 o.: © dpa, Frankfurt/M.
u.: © dpa, Frankfurt/M.

M 12.1 © dpa, Frankfurt/M.

M 12.2 © Enver Hirsch, Hamburg

M 12.3 © AP, Frankfurt/M.

M 12.4 © dpa, Frankfurt/M.

M 12.5 Foto: © dpa, Frankfurt/M.
Text aus: Rabeah Yalniz, Über den Schleier. Verlag Der Islam, Frankfurt/M. o. J., S. 3–13 (Auszüge)

M 12.8 Foto: © KNA, Frankfurt/M.
Text aus: Amal Ingrid Lehnert, Grundzüge der islamischen Erziehungslehre. Islamische Bibliothek 1993

M 13.1 Foto: © epd-Bild, Frankfurt/M.

M 13.2 © VG Bild-Kunst, Bonn 2003

M 14.1 © Bettina Kammer, grafik & design, München

Die Rätsel M 15 sind teilweise in Anlehnung an: Der Islam. Arbeitsblätter für den Religionsunterricht (Religionspäd. Seminar der Diözese Regensburg, 1993) entstanden.

M 15.10 © Archivo Fotográfico Oronoz, Madrid